ABHANDLUNGEN

AUS DEM

STAATSWISSENSCHAFTLICHEN SEMINAR

ZU

STRASSBURG I. E.

HERAUSGEGEBEN

VON

G. F. KNAPP UND L. BRENTANO.

HEFT III.

Dr. C. W. JANSSEN:

DIE HOLLÄNDISCHE KOLONIALWIRTHSCHAFT IN DEN BATTALÄNDERN.

MIT ZWEI KARTEN ALS BEILAGEN.

STRASSBURG.

VERLAG VON KARL J. TRÜBNER.

1886.

DIE HOLLÄNDISCHE
KOLONIALWIRTHSCHAFT
IN DEN
BATTALÄNDERN

VON

DR. C. W. JANSSEN
AUS AMSTERDAM.

MIT ZWEI KARTEN ALS BEILAGEN.

STRASSBURG.
KARL J. TRÜBNER.
1886.

G. Otto's Hof-Buchdruckerei in Darmstadt.

VORWORT.

Nach einer Reise um die Erde kehrte ich im Herbste 1883 nach Strassburg zurück, um meine daselbst im Sommer 1882 begonnenen Wirthschaftsstudien wiederaufzunehmen.

Auf meiner Reise hatte ich den holländischen Kolonieen in Ost-Indien und darunter Sumatra besondere Aufmerksamkeit zugewandt. In das staatswissenschaftliche Seminar in Strassburg eingetreten wurde ich von den Leitern desselben zu einem eingehenderen Studium der wirthschaftlichen Lage dieser Insel angeregt.

Aber bald ergab eine Mischung von Ueberfülle und Unzulänglichkeit des Stoffes die Nothwendigkeit, meine Studien auf einen Theil der Insel zu beschränken, bezüglich dessen ein einerseits noch zu bewältigendes, andererseits ausreichendes Material zur Verfügung stand.

Ich wählte die Battaländer. Auf meiner Reise hatte ich Gelegenheit gehabt, gerade die Battas persönlich kennen zu lernen. Auch lag über die Kolonialwirthschaft in diesen Ländern eine Abhandlung des Herrn Godon in der Zeitschrift für Niederländisch-Indien Jahrgang 1862 Theil I vor, die zu weiterer Arbeit ermuthigte. Sie reizte dazu, — was in unseren Tagen lebhafterer Kolonialpolitik von allgemeinerem Interesse schien, — an einem konkreten Beispiele zu zeigen, wie die Art und Weise der Ausbeutung tropischer Kolonieen durch europäische Regierungen, oft im Gegensatze zu vorausgefassten Anschauungen und Absichten, durch die konkreten territorialen und socialen Verhältnisse, die sie vorfinden, bedingt wird. Zugleich eröffnete sie eine weitere Aussicht: indem sie einen Standpunkt zur Beurtheilung der Wirkungen, welche die neuere holländische Kolonialpolitik auf die speciellen Verhältnisse in den genannten Gebieten ausüben musste, zu gewinnen ermöglichte, erweckte sie in dem unterzeichneten Verfasser die Hoffnung, zur Klärung des Urtheils über diese Politik beitragen zu können.

Möge die mit nicht unbedeutenden Schwierigkeiten verknüpfte Erstlingsschrift wohlwollenden Beurtheilern begegnen!

Amsterdam, den 6. Juli 1886.

C. W. Janssen.

INHALT.

ERKLÄRUNG DER ABKÜRZUNGEN.

van Alphen = Indisch Genootschap. Algemeene vergadering van 24. Febr. 1885.

Anderson Acheen = John Anderson, Acheen and the Ports on the North- and the East-Coasts of Sumatra. London 1840.

Anderson Mission = John Anderson, Mission to the East-Coast of Sumatra. Edinburgh and London 1826.

van Basel = Begin en voortgang van onzen handel en bezittingen op Sumatras Westkust. Ty. N. J. jaarg. IX Dl. II p. 1—96

van Basel IV = idem. Dl. IV p. 27—96.

Bauck = Bauck, Atchins verheffing en val. Rotterdam 1873.

Ber. d. R. M. = Monatsberichte der Barmer Missionsgesellschaft.

Zweiter Besuch = Dr. A. Schreiber, zweiter Besuch auf Sumatra. Barmen 1882.

Burton = Burton and Ward, report of a journey into the Batak country in the interior of Sumatra. Holländisch in den Bydragen tot de Taal- Land- en Volkenkunde van Ned. Indie N. Volgr. Dl. I p. 270—308.

Buys = M. Buys, twee jaren op Sumatras Westkust. Amsterdam 1886.

Couperus = F. E. Couperus, het rechtswezen op Sum. Wk. Akad. proefschr. 1882.

Fuchs = Dr. M. Fuchs, die geographische Verbreitung des Kaffeebaumes. Leipzig 1886.

Godon = A. P. Godon, de assistent-residentie Mandaheling en Ankola, op Sumatras Westkust, van 1847—57. Ty. N. J. jaarg. 1862. Dl. I p. 1—41. Auf den folgenden Seiten findet sich Godons: Plan van afschaffing der heerediensten in Mandaheling en Ankola. Wo keine Seitenzahl angegeben, schöpft der Verf. aus persönlichen Mittheilungen des Herrn Godon.

Henny = Henny, Reis naar Si Gompulang en Si Lindong im Ty. Bat. Gen. jaarg. XVII Dl. I.

de Hollander = Dr. J. J. de Hollander, Handleiding by de beoefening der Land- en Volkenkunde van Nederl. Oost-Indie. Dl. I. 1882.

Junghuhn = F. W. Junghuhn, die südlichen Battaländer auf Sumatra. II Bde. Berlin 1847.

Kessel = O. v. Kessel, Reis in de nog onafhankelyke Bataklanden van klein Toba op Sumatra in 1844. Holl. Uebers. aus dem „Ausland“ von 1854 in den Bydragen tot de T. L. Vk. v. Ned. Indie. Dl. IV p. 55—92.

der Kinderen = Mr. T. H. der Kinderen, de algemeene verordeningen tot regeling van het regtswezen in het Gouv. Sum. Westkust. Tweede Deel.

Kroesen = Th. A. L. Kroesen, Het inlandsch bestuur ter Sumatras Westkust im Ty. N. J. 1873. II p. 208—31.

K. V. = Koloniaal Verslag (Regierungsbericht über die Kolonieen).

K. V. By. = Anlage zum K. V.

Die Berichte sind nicht nach Landschaften, sondern nach Materien geordnet, daher oft Angabe der Seitenzahl wegfallen konnte.

Lange = H. M. Lange, het Nederlandsch Oost-Indisch Leger ter Westkust van Sumatra (1819—1845). II Deelen. 1852.

Leunis = Leunis und Senft. Synopsis, Hannover 1877.

de Louter = Mr. J. de Louter, Staats- en Administratief Recht van Nederl. Indie. S' Gravenhage 1884.

Marsden = W. Marsden, History of Sumatra. London 1811.

Memoir = Memoir of the life and public services of Sir Th. Stamford Raffles, by his widow. London 1830.

Miquel = F. A. W. Miquel, Flora van Nederl. Indie. Eerste byvoegsel, Sumatra, zyne plantenwereld en hare voortbrengselen. Utrecht en Amsterdam 1860.

Müller = Dr. S. Müller en Dr. L. Hörner, Reizen en onderzoekingen in Sumatra. Specialabdruck der in den Bydragen tot de T. L. en VK. Dl. II u. III erschienenen Beschreibung.

Neubronner = H. Neubronner van der Tuuk, Een Roomsch-Katholiek Priester en een afgevaardigde van het Bybel-Genootschap. Ty. N. J. jaarg. XVII. II p. 417, 8.

Neumann = J. B. Neumann, het Pane en Bilastroomgebied op het eiland Sumatra. Studien over Batahs en Batahsche landen. Herausgegeben durch die geographische Gesellschaft zu Amsterdam: bislang erschienen Bruchstücke im T. Aardr. Gen. Tweede Serie. Deel II. Meer uitgebr. Stukken Nr. 2.

Neumann III. 1 = T. Aadr. Gen. Tweede Serie. Deel III. Meer uitgebr. Stukken Nr. 1.

N. R. C. = Nieuwe Rotterdamsche Courant.

Osthoff = L. H. Osthoff, Fragmenten over Sumatra im Ty. N. J. VII 1.

Ida Pfeiffer = Ida Pfeiffer, Tweede reis rondom de Wereld. Dl. 1. Holl. Uebersetzung von: Ida Pfeiffer, Meine zweite Weltreise. Wien 1865.

Pruys = A. Pruys van der Hoeven, een woord over Sumatra. Deel II. Rotterdam 1864.

Pierson = Mr. N. G. Pierson, Koloniale Politiek, Amsterdam 1877.

Résumés = Résumés van het onderzoek naar de regten, die ter Sumatras Westkust op den grond worden uitgeoefend. Batavia 1872.

Ritter = W. L. Ritter, Korte Aanteekeningen over het ryk van Ajin etc. Ty. N. J. jaarg. I. Dl. II p. 454—476.

Ritter II = jaarg. II. Dl. I p. 1—27, 67—90.

R. Z. = De Rynsche Zending. Tydschr. uitgegeven door het Nederl. Hoofdcomité tot bevordering der belangen van het Rynsche Zendinggenootschap. Erscheint vierteljährlich.

Scherzer = Dr. von Scherzer, das wirthschaftliche Leben der Völker. Leipzig 1885.

Sillem = E. J. Sillem, het Tobameer, met een Kaart. T. Aardr. Gen. Dl. II p. 82.

Snelleman = J. F. Snelleman in der N. R. C. vom 19. Febr. 1886, drittes Blatt.

Schreiber Verh. = Dr. A. Schreiber, Die Battas in ihrem Verhältniss zu den Malaien von Sumatra. Barmen 1874.

Schreiber = Dr. A. Schreiber, Die Battas auf Sumatra, ihre Muhamedanisirung und Christianisirung. Barmen 1876.

de Stuers = H. J. J. L. Ridder de Stuers, de vestiging en uitbreiding der Nederlanders ter Westkust van Sumatra. 2 Deelen. Amsterdam 1849.50.

de Stuers latein. Seitenzahl = Einleitung zu letztgenanntem Werke.

T. Aardr. Gen. = Tydschrift van het Nederlandsch Aardrykskundig Genootschap.

Ty. Bat. Gen. = Tydschrift voor Ind. Taal-, Land- en Volkenkunde uitgeg. door het batav. Genootschap voor Kunsten en Wetenschappen.

Ty. N. J. = Tydschrift voor Nederlandsch Indie.

T. v. Nyv. = Tydschrift vor Nyverheid in Nederl. Indie.

The As. Qu. R. = The Asiatic Quarterly Review ed. Dem. Boulger April 1886.

Valentyn = Valentyn's oud en nieuw Oost-Indie. Dl. V.

Veth. = P. J. Veth, het Eiland Sumatra. Amsterdam 1873.

de Waal = E. de Waal, Onze Indische Financien VI. S'Gravenhage 1883.

Willer = T. J. Willer, Verzameling der Battasche wetten en instellingen in Mandheling en Pertibie. Ty. N. J. 1846. II. 149—424.

EINLEITUNG.

Unter den Battaländern versteht man den gebirgigen Theil der Insel Sumatra, östlich vom 98. und westlich vom 100. Breitengrade,[1] ein Areal etwa von der Ausdehnung des Königreichs der Niederlande und des Grossherzogthums Luxemburg zusammengenommen.

Das bezeichnete Bergland, das etwa den vierten Theil des langgezogenen Bergsystems von Sumatra ausmacht, zerfällt in einen nördlichen und südlichen Theil.

Der nördliche ist in der Hauptsache plateauförmig. Eine über 4000 Fuss hohe Hochebene,[2] an deren Westseite sich der ausgedehnte Tobasee befindet, fällt nach Westen zu

---

[1] Siehe die Uebersichtskarte, welche zugleich die Grenzbestimmungen präcisirt. Der 98. Grad umfasst zu viel im Norden, der 100. zu viel im Süden. Die Quellen für die Karte waren:

Marinekarte von Nordsumatra für die Küstenlinie,

Karte im Jaarb. v. h. Mynwezen in N. J. 1877 I für Angkola, Sipirok und den Unterlauf des Batang toru,

Karte von Nord-Sumatra, Batavia 1883, für Süd-Toba, den Bergrand der Ostküste und die Distrikte an der Ostküste.

Karte von Neumann im T. Aardr. Gen. II. Serie Deel II meer uitgebr. stukken. Nr. 2 für die Gebiete des Bila-, Paneh- und Burumonflusses.

Karte in Petermanns Mitth. von 1876 für alle übrigen Gebiete der südl. Battaländer,

Karte von Hagen in Petermanns Mitth. von 1883 und Manuscriptkarte vom Plateaugebiet über Deli, im Besitze des Verfassers, für Nord-Toba.

[2] Junghuhn I p. 252; Sillem p. 84.

in bisher unerforschten Bildungen zur Küstenfläche ab, während sie im Nordosten durch einen Bergzug überragt wird, von dem sich Streifen nach der Ostküste abzweigen.[1] Im Osten scheint sie terrassenförmig abzufallen.[2] Ihre Abdachung nach Südosten können wir am besten verfolgen. Von der Hochebene aus sieht man südöstlich in das Bilathal, westlich davon senkt sich ein Plateaustreifen, durch die Erhebung des Dolok Dsaut unterbrochen, bis auf 2700 Fuss[3] dem Rücken des Bualbuali entgegen, und parallel damit zieht sich ein Thalstreifen bis an den Fuss des Vulkanes Lubu Raja, der diesen ganzen nördlichen Theil abschliesst. Den Raum zwischen dem Thalstreifen und der Westküste füllt schwer zugängliches Bergland, das bis an das Meer herantritt und die schöne Tapanuli-Bai umschliesst. Oestlich vom Plateaustreifen haben wir zuerst einen Complex wilden Berglands,[4] weiter eine niedere, ausgedehnte Fläche,[5] die Padang lawas genannt, in der sich die Wasser des Berglands sammeln, wodurch der Panehfluss entsteht. An der Westküste bleibt nördlich von der Tapanuli-Bai ein schmaler, nach Norden zu sich erweiternder Küstentrich übrig, im Osten des Berglandes ein breiterer Küstenstrich, der nach Süden hin zunimmt.

Beim Lubu Raja beginnt der südliche Theil der Battaländer. Den Kern des Gebirges bildet hier ein von zwei parallel laufenden Bergketten begrenztes Gebiet, das sich im ganzen 22,5 deutsche Meilen nach Südosten erstreckt[6] und sich ganz entschieden der Westküste nähert.

Der zu den Battaländern gehörige Theil davon umfasst die Quell- und Flussgebiete des Gadis, der nordwestlich, und des Angkola, der südöstlich läuft und deren Wasser im

---

[1] Siehe Kaart van Deli door J. W. Stemfoordt 1884.
Ein anschauliches Bild von der Bergformation giebt Hagens Reisebeschreibung in Petermanns Mitth. von 1883 p. 45—50.

[2] So im oberen Assahan (nördlich vom Bilafluss). Siehe Andeutungen bei Anderson p. 143 ff.

[3] Junghuhn I p. 165.

[4] Neumann p. 24 f.

[5] Neumann p. 35, 36.

[6] Junghuhn, Java I p. 138.

Sinkuang vereinigt der Westküste zufliessen. Westlich von diesen Flussgebieten senkt sich das Land in unwohnlichen Formen der sumpfigen Westküste zu, nur im südlichen Theile reicht auch hier das Bergland an die Küste. Jenseits der schroffen östlichen Kette befinden sich die Quellgebiete der Flüsse Burumon,[1] Sossah und Lubu.[2]

Alle genannten Gebiete, ein paar unbedeutende Strecken im Süden ausgenommen, werden von dem Volk der Battas bewohnt.

Mit diesem Collektivnamen fassen wir eine Menge Völkerschaften zusammen, die sich durch Sprache und Sitten als das Produkt einer eigenartigen Culturentwickelung darstellen, als deren Geburtsstätte das Toba-Plateau anzusehen ist.[3]

Unterschiede in der gesellschaftlichen Ordnung, besonders aber wohl das Festhalten an dem alten Geisterglauben und der Rückfall in die Leidenschaft der Nomadenzeit, das Menschenfressen, führten dazu, die Battas als ein von den mohamedanischen Malaien, ihren Nachbarn im Süden, Osten und Westen, völlig verschiedenes Volk erscheinen zu lassen, obwohl die Anfänge der Cultur bei beiden zusammenfallen.[4]

Von den nördlichen Nachbarn, den Allas und Gajos, scheint die Battas nur die mohamedanische Religion und die Abhängigkeit von Atjeh zu scheiden, welchen jene Völkerschaften sich gefügt haben.[5]

Dass der Name Battak nicht mehr auf diese Völkerschaften angewandt wird, kann nicht wunderbar erscheinen, da derselbe ein Schimpfname ist, in welchem sich die Verachtung heidnischen Wesens ausdrückt.[6]

---

1 worüber Neumann p. 36.
2 vergl. Osthoff p. 7, 8.
3 Junghuhn II p. 4.
4 Schreiber Verh.
5 Veth. T. Aardr. Gen. II p. 30. Langen T. Aardr. Gen. V p. 37.
6 Neubronner im Ty. N. J. jaarg. 17 II p. 417, vgl. auch Buys p. 140. Ueber Entstehung des Namens vergl. neueste Deutung bei Neumann III 1 p. 13.

Die holländische Kolonialwirthschaft in den Battaländern datirt seit dem Anfange der vierziger Jahre unseres Jahrhunderts.

Dieser Zeitpunkt bezeichnet aber nicht zugleich den Anfang der Beziehungen der Battas zum europäischen Handel überhaupt.

Die westlichen Battaländer waren wegen ihres Reichthums an Kampfer- und Benzoëbäumen, sowie durch ihr Gold schon lange berühmt.

Das Bergvolk bot den Benzoë und den Goldstaub dem malaiischen Händler dar, der von der Küste ins Land dringend das bei den Battas besonders beliebte, dauerhafte, wenn auch bittere Salz von der Malabarküste in den Battadörfern feilbot.[1] Malaiische Unternehmer rüsteten auch meist die malaiischen oder battaschen Kampfersucher aus, die dann in das Dickicht des Urwaldes drangen, um die kampferhaltigen Bäume auszuspähen und das zerstückelte Holz nach Kristallen zu untersuchen.[2]

Durch den Handel mit den so gewonnenen Produkten bereicherten sich die Häupter der zahlreichen malaiischen Kolonieen an den Mündungen der aus dem Bergland dringenden Flüsse.

Die Händler von der Malabarküste führten den eingesammelten Benzoë heim.[3] Nach Atjeh ging das Gold, wie auch der von den Kolonisten gepflanzte Pfeffer.[4] Der Kampfer wurde von den Atjinesen[5] für Ostasien aufgekauft, wo ihn Chinesen und Japanesen theuer bezahlten.[6]

Der schönste Kampfer und der beste Benzoë wurden zu Baros verhandelt.[7] Kein Wunder, dass die holländische Kompagnie ihr Augenmerk auf diesen Platz richtete und für die malaiischen Fürsten des Platzes Partei ergriff gegen die

---

[1] Ritter p. 87.
[2] Kessel p. 77—80.
[3] Ritter p. 75.
[4] de Stuers I p. 4.
[5] Marsden p. 152.
[6] T. v. Nyv. XVII p. 104.
[7] Valentyn V p. 36.

Atjinesen, die sich hier, wie an der West- und Ostküste der Insel überhaupt, im Laufe des. 16. und 17. Jahrhunderts die Oberherrschaft angeeignet hatten,[1] Steuern erhoben und die Handelsvortheile schmälerten.

Im Jahre 1668 sagte denn auch der oberste Fürst von Baros der holländischen Kompagnie für den gegen die Atjinesen zu leistenden Schutz das Recht des Alleinhandels an jenem Platze, wie an der ganzen ihm untergebenen Küste von Singkel bis Tabujong[2] zu, wovon sich die Holländer goldene Berge versprachen.[3]

Aber schon wegen der Art, wie die Kompagnie den Handel betreiben liess, konnten sich die Hoffnungen nicht erfüllen. Die Beamten arbeiteten mehr für ihr eigenes Interesse als für das der Kompagnie,[4] der Schutz gegen die Atjinesen wurde in ungenügender Weise gewährt,[5] und die Kompagnie führte einen derartigen Zwangshandel ein, dass sie ihre malaiischen Schutzbefohlenen geradezu zum Schmuggelhandel mit Atjinesen und englischen Freibeutern drängte.[6]

Daneben freilich hatte der Handel wohl mit der Bedürfnisslosigkeit und der Trägheit der Battas zu kämpfen, denn auch die englische Kompagnie, die Anfangs der sechziger Jahre des vorigen Jahrhunderts in den ruhigen Besitz einer Faktorei auf Pontjang in der Tapanuli-Bai, also in der unmittelbaren Nähe der Battas gelangte,[7] konnte trotz der rationelleren Art, wie sie den Alleinhandel betrieb,[8] hier nichts weiter durchsetzen, als dass die Produkte, die früher

---

[1] Bauck p. 20.

[2] Valentyn V p. 37.

[3] van Basel p. 26, 27.

[4] van Basel p. 52, 53.

[5] Valentyn V p. 37.

[6] van Basel p. 36, 46, 62, 76 und 86.

[7] The As. Qu. R. p. 425.

[8] Die Engländer errichteten auf Pontjang ein Lagerhaus, wo die Battas Alles, was sie wünschten, einkaufen und loswerden konnten. Ritter p. 76.

Interessante Beschreibung, wie sich der Handel ins Innere des Battalandes daraufhin organisirte: mit Umgehung professioneller Händler, siehe bei Marsden p. 379, 80.

nach Baros gegangen waren, jetzt nach Pontjang kamen.[1] Der Hauptartikel blieb immer das Salz. Die Baumwollenzeuge wurden nur in geringer Menge abgesetzt.[2]

Die englische Kompagnie überliess denn auch die Einkünfte der Faktorei ihrem jedesmaligen Residenten dort gegen die Verpflichtung die Kosten zu tragen.[3]

Ueber die Handelserfolge der englischen Kompagnie zu Natar, wo sie seit 1752 ein Kontor besass,[4] und wo hauptsächlich Gold und Sklaven von den Battas angeführt wurden,[5] — der letztere Artikel ein untrügliches Zeichen wirthschaftlichen Nothstandes — liegen keine Nachrichten vor. Die Engländer scheinen dort besonders aus dem Küstenhandel Vortheil gezogen zu haben.[6]

Auch alle Bestrebungen, den Handel mit den Battas in die Höhe zu bringen, gingen von Pontjang aus. Die dortigen Residenten suchten zunächst bei den umwohnenden Batta-Stämmen, die fortwährend mit einander im Kriege lagen, politischen Einfluss zu gewinnen. Jeder Versuch schiedsrichterlicher Einmischung wurde aber zurückgewiesen.[7] Dann suchte man die Reichthümer des Landes weiter zu entfalten: ein Resident drang mit einem Naturforscher ins Binnenland, um den Reichthum der Zimmetwaldungen zu untersuchen und der Bevölkerung praktische Anweisungen zu geben. Aber man weigerte sich, ihnen die Zimmetbäume zu zeigen.[8]

So blieb denn bis ins Ende des zweiten Jahrzehnts unseres Jahrhunderts Alles beim Alten. Erst Raffles, der als Lieutenant-Governor von Benkulen die ganze Insel

---

1 van Basel IV p. 34.

2 Marsden p. 379.

3 So Ritter II p. 25. In der As. Qu. R., wo Mr. Danvers, Superintendent of Records, den Inhalt der „loose papers" des India office betreffend „the English Connection with Sumatra" zusammenstellte, findet sich leider nichts über dieses seltsame Verhältniss.

4 The As. Qu. R. p. 421.

5 Willer p. 388.

6 The As. Qu. R. p. 422.

7 Marsden p. 374, 5.

8 Marsden p. 369—74.

Sumatra mit seinen Plänen umspannte, beschäftigte sich wieder eifrig damit, die Battas dem englischen Einfluss zu gewinnen. Er sammelte Kunde über die Sitten der Battas[1] und hegte grosse Hoffnungen von der Einführung der christlichen Mission unter dieselben.[2] Der Missionar Burton war auch bereit, die Arbeit zu beginnen, und drang im Jahre 1824, nachdem er sich an der Küste der Bai die Batta-Sprache angeeignet, in Begleitung des Missionars Ward in das Innere des Landes ein,[3] wo die Battas freundliches Entgegenkommen zeigten, und wo er sich auch niederliess.[4]

Ein Jahr, bevor die Missionare von Westen aus in das Land südlich vom Tobasee zogen, hatte sich von der Ostküste aus ein Agent der Regierung von Pinang mit den Battas des nördlichen Plateaus in Verbindung gesetzt.

Die Regierung von Pinang hatte nämlich die Entdeckung gemacht, dass die grossen spanischen Thaler mit dem Bilde Karls III. und IV., die an der Ostküste von Sumatra ausschliesslich in Zahlung für die Pfefferfrachten genommen wurden, von dort nicht wieder zurückkehrten, sodass diese Thaler in Pinang meist ein Agio von 2 bis 3 Procent trugen. Als Grund dieser Erscheinung stellte sich heraus, dass die Battas, die von den malaiischen Häuptern in den Pfeffergärten beschäftigt wurden, ihren Lohn in eben diesen Thalern verlangten, die sie für besonders vollwerthig hielten, und die sie auf Nimmerwiedersehen in ihre Berge schleppten, um sie entweder aufzuhäufen oder einzuschmelzen.[5]

Da versuchte denn die Kompagnie durch einen Abgesandten bei den Malaien und den Battas dem Vorurtheil für die genannten Thaler entgegenzuwirken und womöglich der englisch-indischen Münze, der Sicca-Ruppee, bei ihnen

---

[1] Memoir p. 427, 35, 69.

[2] Memoir p. 436.

[3] Reise von Burton and Ward in den Transactions of the Royal Asiatic Society I 1827 p. 485 ff., holl. Uebersetzung in den Bydragen voor Taal, Land- en Volkenkunde v. N. J. I p. 270—308.

[4] Memoir p. 437.

[5] Anderson Acheen p. 188.

Eingang zu verschaffen.[1] Man hoffte davon nicht bloss günstige Wirkungen für den Pfefferhandel, sondern man dachte dadurch auch die Battas von der Kaufkraft des Geldes überhaupt zu überzeugen und sie zum Ankauf englicher Manufakte geneigt zu machen.

Der Kommissär hatte wirklich einigen Erfolg[2] und konnte auch mit der Neigung zufrieden sein, die die Battas englischen Zeugen entgegenbrachten.[3]

Die mannigfachen Handelsartikel, die von den Battas den malaiischen Häfen zugeführt wurden, Waldprodukte, Gold, Pferde, Manufakte[4] erweckten in ihm ausserdem die Ansicht, dass hier etwas vom Tauschhandel zu erwarten sei, und diese wurde in ihm besonders gestärkt durch die ausserordentliche Freude, die ein battascher Häuptling beim Anblick eines kleinen Spiegels an den Tag legte.[5]

Aber die Hoffnungen der Engländer, die Battaländer ihrem Handel zu gewinnen, gingen nicht in Erfüllung.

In einem Traktat vom Jahre 1824 trat ihre Regierung an die holländische alle auf Sumatra erworbenen Rechte ab und verzichtete zu Gunsten Hollands auf Anknüpfung weiterer Beziehungen zu der Bevölkerung der Insel.[6]

Wenn auch die Holländer versprachen, dem Handel der Engländer in den unabhängigen Gebieten keine Hindernisse in den Weg zu legen, so war doch an eine weitere Beeinflussung der inländischen Bevölkerung durch die Engländer nicht mehr zu denken, und damit waren die Hoffnungen Pinangs mit einem Schlage vernichtet.[7]

Der Einfluss auf das Binnenland von der Westküste aus war ihnen aber vollends abgeschlossen, da die Plätze Pontjang, Natar und Ajerbangis[8] in den Besitz der holländischen Regierung übergingen.

---

1 Anderson Mission p. 412.

2 Anderson Acheen p. 189.

3 Anderson Mission p. 52.

4 Anderson Mission p. 146, 264, 296, 312.

5 Anderson Mission p. 151.

6 de Hollander p. 837 ff.

7 vergl. Anderson Acheen p. 186.

8 Auch von Ajerbangis aus waren die battaschen Gebiete zu erreichen, siehe die Karte Taf. II.

Dieser Traktat war entscheidend für die Art, wie die Eröffnung der Battaländer für den europäischen Handel geschehen sollte.

Denn Holland, dessen Einfluss die Lande jetzt ausgesetzt waren, befand sich in einer ganz anderen Lage den Kolonieen gegenüber, als England. Das letztere hatte noch seine ostindische Kompagnie, welche durch den Reichthum Englands an Manufakten zu einer liberalen Politik gedrängt wurde. Die eingeborenen Völkerschaften mussten dazu erzogen werden, dass bei ihnen Nachfrage nach englischen Waaren entstand. Holland dagegen hatte seine Kolonieen der unmittelbaren Leitung seines Königs überlassen, der vor allem auf die Hebung des Mutterlandes bedacht war [1] und darum nach direkten Vortheilen aus den Kolonieen verlangte. Zu dieser Politik stimmte auch durchaus der Zustand des holländischen Handels, welcher dringend des Schutzes bedurfte.

Um ihren Zweck erreichen und dem Handel Schutz gewähren zu können, war sonach die holländische Regierung dazu gedrängt, nach der Souveränität über die dem holländischen Einfluss überlassenen Inseln des Archipels zu streben.

Es wurde denn auch im Jahre 1830 vom Könige die Parole ausgegeben, dass die Unterwerfung des ganzen Archipels erstrebt werden solle. [2]

Der kostspielige Krieg auf Java von 1826—30 und die Loslösung Belgiens von Holland führten zwar zu einer Einschränkung dieses Planes, aber an dem Princip der Eroberung wurde trotz der Remonstrationen einer einflussreichen Partei, die das englische Kolonialsystem empfahl, [3] festgehalten, und die Unterwerfung Sumatras bis an die Grenzen von Atjeh [4]

---

[1] Pierson p. 79 ff.

[2] de Stuers p. LXVIII.

[3] de Stuers p. XIII, XXIII, LXXI.

[4] Das Reich von Atjeh erstreckte sich längs der Westküste bis Udjong Petikalla, längs der Osküste bis Tandjong Tamiang, siehe Uebersichtskarte Taf. I., vergl. Veth p. 758. Der Traktat vom 17. März 1824 besagte in einer Nota, dass die politischen Beziehungen der Holländer zu Atjeh die Unabhängigkeit des atjinesischen Staates nicht verkürzen dürften, siehe de Hollander p. 52.

blieb nach wie vor einer der leitenden Gesichtspunkte der holländischen Kolonialpolitik.[1]

Die Festsetzung der Holländer in den Battaländern war eine Folge dieser Politik.

Sehen wir, unter welchen Umständen und in welchen Grenzen die Festsetzung erfolgte.

In den den Battaländern benachbarten malaiischen Bergdistrikten hatte in den zwanziger Jahren eine strenggläubige mohamedanische Sekte, — wir wollen sie dem Sprachgebrauch folgend die Sekte der Padries nennen —, ihre Herrschaft aufgeschlagen, um nicht bloss die malaiischen Stammesgenossen zu strengerer Religionsübung anzuhalten, sondern auch die noch unbekehrten Nachbarn für den rechten Glauben zu gewinnen.[2] Das Mittel war in beiden Fällen, so oft gütliche Ueberredung nicht fruchtete, das Schwert, und schrecklich waren die Verwüstungen, die das südliche Battaland zu erleiden hatte. Bis an das südliche Ufer des Tobasees drangen die fanatisirten Banden, die neben der gewaltsamen Bekehrung das Räuberhandwerk betrieben,[3] und den Holländern, die im Jahre 1821 von ihrem Hauptplatz an der Westküste, Padang, aus die malaiischen Lande von dem Joch der Padries zu befreien unternommen hatten,[4] bot sich die Bundesgenossenschaft der bedrängten Battas wie von selber dar.

Das kriegerische Eintreten der Holländer für das legitime Recht von vierzehn vor den Padries geflohenen Dorfhäuptern, die nichts Geringeres als Preis der Hülfe versprachen, als die Herrschaft über die ganzen malaiischen Lande,[5] war das erste Anzeichen der oben erwähnten Annexionstendenz der Regierung.

Mit voller Kraft wurde der grosse Plan aber erst nach der Beendigung des javanischen Krieges in Angriff genommen, und da machte es sich, dass sich im Jahre 1832, nachdem

---

[1] de Waal p. 59.
[2] Memoir p. 429, 30, 562.
[3] Junghuhn I 124, 129, 145, 150, 157, 158, 218; II 20.
[4] Lange I 23.
[5] Ebendaselbst.

die Padries in den malaiischen Landen unterdrückt waren, der südlichste Theil der Battaländer, die Landschaft Mandheling, unter den Schutz der holländischen Regierung stellte.[1]

Nach dieser ersten freundschaftlichen Berührung mit den Battas suchte die Regierung auch von den von den Engländern übernommenen Posten Natar[2] und Pontjang[3] aus Beziehungen zu den Battas anzuknüpfen, und hier, wie im Binnenlande, machte die Padriefurcht die Battas geneigt, den holländischen Schutz anzunehmen.[4]

Die Interessengemeinschaft der Holländer und Battas sollte bald von Wichtigkeit werden. Denn als im Jahre 1833 die Padries einen allgemeinen Aufstand organisirt hatten, da war es die Position in Mandheling, die die beste Gelegenheit zur Unterdrückung desselben darbot.[5] Ausserdem gestatteten den Holländern die guten Beziehungen zu den Battas westlich von der Wasserscheide eine ruhige Kommunikation mit der Westküste.

In den ersten vier Kriegsjahren war bloss Natar von Wichtigkeit. Von hier wie von Ajerbangis aus wurden Truppen, Geld und alles Nöthige dem Oberlande zugeführt.[6]

Während aber die Holländer die strategische Wichtigkeit ihrer Stellung in Mandheling und Natar kennen lernten, begann unter ihnen die Ansicht aufzukommen, dass die Berglande der Battas überhaupt ein noch wünschenswertherer Besitz seien, als die malaiischen Lande.

Denn einerseits stand ihr Land so gut wie das der Malaien im Rufe grosser Fruchtbarkeit, andrerseits aber zeigte sich im Verkehr mit den Battas, dass dieselben von weniger kriegerischer Art seien und leichter geleitet werden könnten, als das unruhige und stolze Volk der Malaien.[7]

Der Hauptvertreter dieser Ansicht, der im Jahre 1837

---

[1] Lange I 227.
[2] Lange I 294—96.
[3] de Stuers I 170, Ritter p. 24.
[4] Lange I 296.
[5] Lange II p. 13—17, 85, 251.
[6] Lange I 399.
[7] Lange II 250—1.

nach der Einnahme Bondjols, der Hauptfestung der Padries, zum Gouverneur der Westküste Sumatras ernannte Oberst Michiëls, richtete denn auch gleich nach diesem Erfolge an die Regierung die Forderung neuer Truppen zur Weiterführung des grossen Eroberungsplanes nach Norden hin, d. h. zur Unterwerfung der ganzen Battaländer. [1]

Die drohende Macht des Priesters von Tambusei, östlich von Mandheling, der seine Macht über die Battagebiete südlich, nördlich und östlich von Lubu Raja ausgedehnt hatte, und der Uebermuth der Atjinesen an der Westküste nördlich von Pontjang boten ihm bis zur Ankunft der nöthigen Verstärkungen die schönste Gelegenheit, eine geeignete Basis für das neue Unternehmen zu gewinnen. [2]

Indem er seine Truppen gegen Tambusei durch Angkola [3] und Padang lawas ziehen liess, drängte er nicht nur den Priester auf sein eigenes Gebiet zurück, sondern trug er auch die Unterwerfung der befreiten Landschaften unter die holländische Herrschaft davon. [4] Hierdurch kamen der Posten auf Pontjang und die guten Beziehungen zu den benachbarten Battas zu hervorragender Bedeutung. [5]

An der Westküste ferner, von wo Hülferufe der malaiischen Häupter von Baros eintrafen, ergriff er entschieden Partei gegen die Atjinesen und brachte dies zum Ausdruck durch Entsendung eines kleinen Geschwaders mit einer Deputation. [6] Im Jahre 1839 legte er zur Gewährleistung des versprochenen Schutzes eine Besatzung nach Baros, wodurch der Einfluss der holländischen Regierung an der ganzen Nordwestküste merklich gehoben wurde. [7]

Von dieser Basis aus hätte die Unterwerfung der Battaländer mit leichter Mühe zu Ende geführt werden können. Zwar stand der Unabhängigkeitssinn der Battas dem fremden

---

[1] Lange II p. 303.

[2] Ty. N. J. 1853. II p. 427.

[3] Von Pitjarkoling in Angkola über die östliche Kette. S. Karte Taf. II.

[4] Lange II 304—6.

[5] de Stuers II p. 125.

[6] Lange II 361 ff.

[7] Lange II 367, 68.

Eroberer entgegen, aber auf der andern Seite standen die Battas doch unter dem Eindruck der für sie demüthigenden Padrieeinfälle und der glorreichen Siege der holländischen Waffen.[1]

Aus so günstigen Verhältnissen Nutzen zu ziehen, fehlte es aber der holländischen Regierung an Mitteln. Schon jetzt konnte man nicht an eine gehörige Besetzung der Gebiete denken, die sich dem holländischen Scepter unterstellt hatten.[2] So war denn auch die Antwort auf Michiëls Forderung für diesen sehr deprimirend:

Truppen zu weiteren Eroberungen ständen nicht mehr zur Verfügung. Neue Eroberungen sollten hinfort nur auf friedliche Weise gemacht werden.[3] Michiëls selbst, dessen eigenmächtiges Vorgehen man fürchtete, wurde im Juli 1839 unter die Kontrolle eines Kommissärs, des späteren Generalgouverneurs Merkus, gestellt.[4]

Unter der Autorität dieses setzte es Michiëls im Jahre 1840 freilich noch durch, dass die nördliche Küstenlinie durch einen Feldzug gegen die Atjinesen und durch Gründung eines Postens in Singkel endgültig unter holländische Hoheit gebracht,[5] und dass Anfangs des Jahres 1841 in der Nähe der Tapanuli-Bai durch eine militärische Expedition ein Exempel an einem kleinen, widerspenstigen Battastamm statuirt wurde, wodurch, wie er meinte, die Unterwerfung aller battaschen Landschaften westlich von der Wasserscheide erzielt war.[6]

Aber die holländische Regierung war nicht gesonnen, von dem auf nüchterner Beurtheilung der eigenen Kraft basirten Entschluss abzuweichen. Ohne den Plan der Unterwerfung von ganz Sumatra aufzugeben, sprach sie ihre Ansicht dahin aus, dass dieser Plan ebensogut in hundert, wie in fünfundzwanzig Jahren ausgeführt werden könne[7] und

[1] Junghuhn II, p. 115, 16.
[2] de Stuers I p. 95, II p. 131.
[3] Ty. N. J. 1867 I p. 387.
[4] Ty. N. J. 1867 I p. 407, de Waal p. 72.
[5] Lange II 372—82.
[6] Lange II 387—91, Ty. N. J. 1853 II p. 436.
[7] Lange II p. 441.

brachte es im Dezember 1842 sogar über sich, schon gewonnene Vortheile wieder fahren zu lassen.[1] Das ganze Battagebiet östlich von dem Plateaugebiet, das gegen den Bualbuali stösst, dem Plateau von Sipirok, und östlich vom Langthale des Angkola- und Gadisflusses wurde geräumt,[2] und die directe holländische Hoheit in den Battaländern auf die Landschaften Mandheling, Angkola, Sigirok und die diesen nach Westen vorgelagerten Berglande beschränkt.[3] Die nominelle Hoheit über die verlassenen und die von Michiëls „unterworfenen" Landschaften wurde freilich für alle Fälle aufrecht erhalten.[4]

Es wird im Folgenden meine Aufgabe sein, zu zeigen, wie die holländische Regierung diesen Bruchtheil der Battaländer ausgebeutet hat. Eine kurze Betrachtung der Verhältnisse von Land und Volk in denselben soll uns zunächst zeigen, welche Grundlagen für die Kolonialwirthschaft gegeben waren.

---

[1] de Waal p. 74, de Stuers XV.

[2] Willer p. 403.

[3] Indisch besluit vom 27. Juli 1843 bei de Waal p. 75, 82 u. 87.

[4] In den Gebieten südlich vom Tobaplateau beanspruchte die Regierung in der Folge die Rolle eines Schiedsrichters, s. de Waal p. 87. Bei dem Verlassen der östlichen Gebiete sprach die Oberverwaltung den Wunsch aus, von der Bevölkerung eine runde Anerkennung der niederländischen Souveränität zu erlangen: de Waal p. 98. Im Jahre 1858 fasste die niederländische Verwaltung den Plan, die Kommunikationsverhältnisse in einem Battadistrikt über Baros zu verbessern. K. V. 1858.

THEIL I.

DIE KONKRETEN VERHÄLTNISSE UND DIE PLÄNE DES MINISTERS VAN DEN BOSCH.

Den Kern des von uns zu betrachtenden Berggebietes machen die Landschaften des Oberlandes, Mandheling, Angkola und Sipirok aus. Diese werden zusammen auf 114 geographische Quadratmeilen berechnet.[1] Davon ist aber der grösste Theil mit dichtem Wald bestanden, abschüssig und unbewohnbar. Aus dem Walde zeichnen sich ab: das acht geographische Quadratmeilen grosse Plateau von Sipirok,[2] die Fläche von Ober-Angkola am Fusse des Lubu Raja und einige Thalgründe links und rechts: Alles zusammen weniger als 4 Quadratmeilen Flachland umfassend,[3] der lange, schmale Thalgrund des Angkolaflusses, auf welchen Junghuhn nur fünf Quadratmeilen Flachland rechnet,[4] jenseits des nordwestlich vorspringenden Höhenzuges das geräumige Thal des unteren Gadis, Gross-Mandheling genannt, weiter flussaufwärts eine Anzahl grösserer und kleinerer Thalgründe, Klein-Mandheling genannt,[5] ein kahles, durchklüftetes, stürmisches Hoch-

---

[1] Willer 257, 8.

[2] Junghuhn I p. 165.

[3] Junghuhn I p. 108.

[4] Junghuhn I p. 145.

[5] Gross- und Klein - Mandheling in der Bedeutung von: das eigentliche und uneigentliche Mandheling. Diese Bezeichnungen Gross und Klein passen nicht immer so gut zu den wirklichen Grössenverhältnissen. Gross-Atjeh ist der kleinste Theil von Atjeh. Klein-Java,

land, die Ulu, und das Gebiet von Pakanten am Fuss des Kalabu, das sich aus einer Anzahl sehr kleiner Thäler zusammensetzt.[1]

Der vulkanische Charakter der Gebirgsbildungen,[2] die häufigen Regen,[3] die das ganze Jahr hindurch den Verwitterungsprozess im Gange halten, bewirken, dass das Land einen hohen Grad von Fruchtbarkeit besitzt.

Die territorialen Eigenthümlichkeiten aber, welche die Anlage von Sawahs, d. i. nassen Reisfeldern, bedingen, sind nicht in allen Gebieten in gleicher Weise vorhanden. Und das ist folgenschwer für die Ernährungsfähigkeit des Landes und darum für den Grad der Volksvermehrung. Der nasse Reisbau liefert nämlich nicht bloss reichlicheren Ertrag als der trockene,[4] sondern gestattet auch den Gebrauch immer derselben Felder.

Von unsern Gebieten ist das Thal von Gross-Mandheling, ein altes Seebecken,[5] besonders für Sawahbau geeignet,[6] danach Pakanten,[7] Ober-Angkola[8] und Sipirok.[9] Spärliche Gelegenheit besteht dagegen in Klein-Mandheling,[10] in Unter-Angkola[11] und besonders in der Ulu.[12] Auch die nach der

wie Marco Polo Sumatra nennt, (S. Müller, Bydr. tot de Kennis van Sumatra, Leiden 1846 p. 72) ist vielmal grösser als das eigentliche Java.

[1] Willer p. 256 u. 60.

[2] Auf der Karte Taf. II finden sich die Vulkane (V.) Dsaut, Lubu raja und Merapi.

Die Karte im Jaarb. v. h. Mynwezen v. Ned. J. 1877 I verzeichnet warme Quellen im südlichen Sipirok und am Südostfuss des Lubu raja, Schwefelfelder am Südostabhang des Bualbuali.

Ausserdem wird von einer Quelle kochenden Wassers in Klein-Mandheling berichtet. (van der Linden im Natuurkundig Tydschrift voor Ned. J. XX p. 190).

[3] Junghuhn II p. 186.

[4] Miquel p. 44.

[5] Willer p. 259.

[6] Willer p. 370.

[7] Willer p. 260.

[8] Junghuhn I p. 135.

[9] Junghuhn I p. 169, 173.

[10] Willer p. 260 u. 374.

[11] Junghuhn I p. 146.

[12] Müller p. 146; Willer p. 256.

Tapanuli-Bai[1] und nach Natar zu[2] gelegenen Gebiete sind in dieser Beziehung schlecht gestellt.

Zwar bietet die Natur überall Ersatz.

In Klein-Mandheling, in der Ulu und am oberen Natarfluss befindet sich Gold im Diluvium und im Flusssand,[3] in der Nähe des Unterlaufs des Angkolaflusses sind reiche Kampferwaldungen,[4] und vorzüglich gedeiht die Baumwollstaude wie der Benzoëbaum in der Nähe der Tapanuli-Bai,[5] sodass es überall nur der Arbeit des Sammelns bedurfte, um sich in den Besitz von Tauschmitteln zur Erlangung reichlicherer Nahrungsmittel zu setzen.

Aber eine dichte Bevölkerung konnte doch nur an den Stellen existiren, wo die Sawahkultur möglich und damit die Nahrung von vornherein reichlich war.

Ich wende mich nun den politischen und wirthschaftlichen Verhältnissen der Bevölkerung zu, um zu zeigen, wie dieselbe den Hülfsmitteln der Natur gegenüberstand.

Die Gebiete, mit denen wir es zu thun haben, die Ulu und ein von Malaien besiedeltes Gebiet am Pungkut, zwischen Klein-Mandheling und Pakanten,[6] ausgenommen, sind battasche Kolonialgebiete. Sie wurden vor vielen Jahrhunderten durch Auswanderer vom Tobaplateau in Besitz genommen. Von dort brachten die Kolonisten schon die politischen und rechtlichen Begriffe mit,[7] die dann in dem Kolonialgebiet je nach lokalen und geschichtlichen Verhältnissen zu verschiedenen Erscheinungsformen führten.

Ein Uebermaass von Ordnung wird man bei einem Volke nicht erwarten können, das an der Verspeisung lebendiger Menschen Vergnügen fand. Doch wie das Volk sich seiner Rohheit nicht bewusst zu werden schien, da das Menschenfleisch nur in öffentlicher Versammlung nach kaltblütiger

[1] K. V. 1876 p. 196; K. V. 1883 p. 200.

[2] Résumés pag. 76.

[3] Müller p. 145, 170 ff. 177 ff. 194, 5, 198 ff.; Ty. N. J. 1864 II p. 50, 51.

[4] Willer p. 378.

[5] Marsden p. 379, 80; K. V. 1863 u. K. V. 1874 p. 209.

[6] Müller p. 165 ff.

[7] Willer p. 401.

Ueberlegung und in den durch das Gesetz festgestellten Fällen genossen wurde,[1] so stellte es sich auch in wirthschaftlicher Beziehung als ein nüchternes Bauernvolk dar, das bei aller Unordnung im öffentlichen Leben dem Glauben sich hingab, als herrsche eine vortreffliche Ordnung, woher denn das Gewohnheitsrecht, die Adat, ein Produkt der mannichfaltigen Entwickelung, unbedingte Geltung genoss.[2]

Da es uns auf ein Verständniss der politischen und wirthschaftlichen Unordnung ankommt, will ich erst kurz die Elemente berühren, auf denen die Entwickelung sich aufbaute.

In die Nomadenzeit, in der wir uns die Battas wohl auf dem Tobaplateau rodend, mit trockenem Reisbau und Viehzucht beschäftigt denken mögen,[3] verweist der feste Zusammenschluss der einzelnen, einen Ahnherrn verehrenden Stämme. Dieses Gefühl der Zusammengehörigkeit kam besonders darin zum Ausdruck, dass es als Blutschande angesehen wurde, ein Mädchen aus demselben Stamm zu heirathen.[4]

Als bei fortschreitender Rodungsarbeit, bei Zunahme der Bevölkerung, beim Hinzutreten besserer landwirthschaftlicher und gewerblicher Kenntnisse — die wir wohl mit dem vorderindischen Einfluss[5] in Verbindung bringen dürfen — die Stämme begannen, sich an festen Plätzen niederzulassen und grosse Strecken Landes in Besitz zu nehmen, da war es jene eingewurzelte Heirathssitte, die diesen Stammesniederlassungen ein eigenthümliches Gepräge gab. Es mussten ja nothwendigerweise auch Angehörige andern Stammes vorhanden sein, damit an dem Orte der Ansiedlung Heirathen geschlossen werden konnten, und diesen konnten Nutzungsrechte an Grund und Boden nicht verweigert werden.

So kam es, dass es in jeder battaschen Niederlassung Angehörige wenigstens zweier Stämme gab.

---

[1] Willer p. 345.
[2] Willer p. 267.
[3] Junghuhn II p. 4, 21, 26; Willer p. 369.
[4] Willer p. 275.
[5] Schreiber, Verh. p. 2.

Da aber immer nur ein Stamm den Grund und Boden occupirt hatte, musste ein Verhältniss politischer Ueber- und Unterordnung innerhalb derselben Niederlassung die Folge sein. [1]

Eine andere Art von Unterordnung entstand durch Gründung von Zweigniederlassungen auf demselben grossen Territorium.

Diese Elemente des öffentlichen Lebens unter den Battas mussten je nach den Umständen bei der Besiedelung neuer Distrikte zu verschiedenen Erscheinungsformen führen.

Aus der erstgenannten Art der Unterordnung konnte, falls das herrschende Geschlecht in Noth war, ein lehnsrechtliches Verhältniss entstehen, [2] im entgegengesetzten Falle ein Adelsregiment.

Die letztgenannte Art der Unterordnung musste unter geordneten Verhältnissen zu Bundesgenossenschaften mit patriarchalischer Spitze führen; diese konnten aber, falls das patriarchalische Element an Macht verlor, einer unbeschränkten Selbstständigkeit der einzelnen Dörfer Platz machen.

Verschieden waren nun die Resultate bei der Besiedelung der von uns behandelten Gebiete.

Nördlich vom Sinkuang spielte der Bajo-Bajo, der Vertreter des Stammes, der sich dem herrschenden angeschlossen hatte, eine grosse Rolle. [3] Südlich von dieser Grenze trat

---

[1] Bei den Battas wurde solche monarchische Entwicklung nicht, wie bei den Malaien, durch Heirathsform und Erbrecht verhindert. Während bei den Battas die Frau als der werthvollste Besitz des Mannes aufgefasst wurde und ganz aus ihrem alten Geschlechtsverbande ausschied, blieb sie bei den Malaien im alten Geschlechtsverbande drin und die Heirath vollzog sich unter strenger Scheidung der beiderseitigen Güter. Der Mann beerbt dort auch seine Sippe, nicht seine Kinder, sodass das Charakteristikum des malaiischen Gemeindelebens eine völlige Scheidung der Stämme ist, die selbstverständlich einer politischen Unterordnung entgegen wirkt. S. Kroesen p. 213, Schreiber, Verh. p. 36.

[2] Neumann III. 1, p. 35.

[3] Kroesen p. 218, 10.

er im Gemeindeleben zurück.[1] Dort herrschte in Folge dessen ein demokratischer Zug,[2] hier ein aristokratischer.[3]

Die natürlichen Häupter der Bundesgenossenschaften genossen überall nur geringen Respekt, sodass Fehden zwischen den einzelnen Dörfern an der Tagesordnung waren.[4] Aber im Thale von Gross-Mandheling gab es doch ein patriarchalisches Haupt, mit dem Titel Jangdipertuan, das von allen Häuptern in den südlichen Theilen als Oberer anerkannt wurde.[5]

Dieser Ausartung der politischen Verhältnisse entsprach ein Niedergang in der Kultur der Battas überhaupt.

Die bei der Sawahanlage hervortretenden landwirthschaftlichen Kenntnisse,[6] die kräftige Bauart und der Schmuck der Häuser in den nördlichen Theilen,[7] die Goldschmiedearbeiten, die uns vorliegen,[8] besonders aber die Batta-Schrift, die zur Herstellung von Zauberbüchern verwandt wurde,[9] weisen zurück in eine Zeit, die jenen Ausartungen vorherging.

Aus dieser Zeit der ruhigen Entwickelung stammt wohl auch die Sorglosigkeit, die sich in dem Fehlen jeglicher gewohnheitsrechtlichen Garantieen für die Unparteilichkeit des Richters offenbarte,[10] wie auch der hohe Grad von Weisheit, der in den Bestimmungen des Gewohnheitrechtes über Staatsregelung, bürgerliches und Strafrecht zu Tage trat.[11]

Aber wie die Leidenschaft des Menschenfressens in den Bestimmungen des Strafrechts ihre Berücksichtigung fand,[12] so forderten auch im Laufe der Entwickelung engherzige Familienrücksichten ihren Tribut, und so kam es, dass in den

---

1 Résumés p. 37, 38.
2 Pruys p. 43.
3 Willer p. 271.
4 Willer p. 161.
5 Willer p. 417.
6 Junghuhn I p. 214.
7 Burton p. 306; Henny p. 16.
8 So auf der Kolonial-Ausstellung zu Amsterdam 1883.
9 Willer 390, 91.
10 Willer p. 286.
11 Willer p. 285.
12 Willer p. 345.

battaschen Kolonialgebieten, mit denen wir es zu thun haben, die wirthschaftlichen Interessen völlig im Hintergrund standen.

Die Fehden zerstörten Viehstand und Aecker, der Aufwand, zu dem sich die Häupter veranlasst sahen, um ihre angestammte Würde zur Anerkennung zu bringen, verzehrte die von ihnen gesammelten Vorräthe.

Die Wirthschaft selbst war in den Tagen glücklicher Entwickelung nicht hinausgediehen über kommunistischen Besitz. Wer zur Gemeinde gehörte, hatte Anspruch auf Benutzung des Gemeindelandes. Zum Verkaufen oder Vermiethen des occupirten Terrains war er aber nicht berechtigt.[1]

Die Verschiebung der ursprünglichen Verhältnisse zu Gunsten des Bajo-Bajo-Geschlechtes hatte nur eine Abtretung bestimmter Theile des Gemeindelandes an die betreffende Familie zur Folge gehabt.[2]

In den südlichen Theilen kam es zur Reservirung eines Bruchtheils des Ackerlandes für das Haupt der Gemeinde und zur Vertheilung des übrigen unter den Adel und den Bürgerstand. Trotz dieser Scheidungen war es aber undenkbar, dass wegen Landmangels ein Mitglied der Gemeinde leer ausgegangen wäre. Das Haupt der Gemeinde konnte nach Bedürfniss das Bauland des Bürger- und Adelstandes auf Kosten eines von beiden vergrössern. Gab es nichts mehr zu vertheilen, so wurde zur Kolonisation auf dem wüst liegenden Theile des Gemeindelandes geschritten.[3]

Die Lebenshaltung für den Einzelnen war bei diesen Verhältnissen um so leichter, als er einen festen Rückhalt hatte an seiner Sippe, die solidarisch für ihn haftete.[4] Und wenn es auch dem Einzelnen freistand, durch reichliche Produktion von Nahrungsmitteln, durch die Kultur von Fruchtbäumen, durch Sorgfalt für sein Vieh, durch das Sammeln von Gold, Elfenbein und werthvollen Waldprodukten[5] sich

---

[1] Willer p. 162, 63.

[2] Neumann III 1 p. 36.

[3] Willer p. 163.

[4] Willer p. 191.

[5] Résumés p. 34 nennen: Getah-Sorten, Kampfer, Wachs, Benzoë, Dammar, Rottan-Sorten.

Tauschmittel und Reichthum zu erwerben, so fehlte dazu doch die Lust und auch die nöthige Sicherheit.

Die Lust zur Kapitalsammlung wurde höchstens durch den Wunsch, sich eine Lebensgefährtin zu kaufen, die die zum Leben nöthige Arbeit verrichten konnte, erregt. War dieses Ziel erreicht, so schwand mit dem Kapital die Lust des Sammelns.[1]

Einen Erwerb zum Besten der Söhne, seiner Erben,[2] gestatteten auch kaum die öffentlichen Verhältnisse.

Der Zustand der Bedürfnisslosigkeit, der Armuth war zugleich der sicherste für den Batta, der nicht Raja, Herrscher, war. Denn der Raja war darauf angewiesen, auf alle Weise nach Mitteln zu fahnden, um sein Ansehen zu erhöhen, die Grösse seines Geschlechts zur Darstellung zu bringen.

Neben den Kosten, welche die Führung der meist wegen geringfügiger Ursachen begonnenen Kriege verursachte,[3] war es vor allem der Kauf einer ebenbürtigen Frau, wozu der Raja bedeutender Mittel bedurfte: denn der Kaufpreis der Frau stieg mit dem Range des Vaters.[4] Im südlichen Theile bestanden für die Töchter der verschiedenen Häuser feste Preise.[5] Das Herrschergeschlecht von Gross-Mandheling hatte mit dem von Klein-Mandheling einen Heirathsvertrag

---

[1] Willer p. 319.

[2] Das weibliche Geschlecht war von der Erbfolge ausgeschlossen. S. Willer p. 185.

[3] Junghuhn II p. 165, 6 nennt als Ursachen der Kriege besonders: Schuldforderungen, daneben erlittene persönliche Beleidigungen der Rajas, Grenzstreitigkeiten wegen Kulturlandes verschiedener Dörfer, bes. aber Diebstahl, wenn ein Dorf sich weigerte, den Verlust zu ersetzen, der durch einen seiner Angehörigen dem anderen Dorfe beigebracht war.

Willer p. 165 f. sagt über die dem Raja durch den Krieg erwachsenden Ausgaben:

Er trägt die Kosten der Bewaffnung seiner unvermögenden Unterthanen,

Er trägt die Bussen, die aus der Niederlage erwachsen.

[4] Willer p. 275.

[5] Willer p. 315 ff.

für alle Zeit geschlossen.[1] Im nördlichen Theile verhandelte jedesmal der Bajo-Bajo über die Höhe des Kaufpreises.[2]

Weiter war es besonders der Aufwand beim Leichenbegängniss, der dem Raja am Herzen lag: denn die Menge der geschlachteten Büffel schien ein Siegel der Echtheit auf die Abstammung der Ueberlebenden zu drücken.[3]

In Mandheling, wo die Gemeindegliederung festere Formen angenommen hatte, und wo ein Theil der Familiensolidarität auf die Gemeinde übergegangen war,[4] traten noch eine ganze Anzahl Leistungen hinzu, die vom Haupt der Gemeinde gefordert wurden. Besonders lästig konnte die Verpflichtung werden, die Glieder der Gemeinde, die sonst irgendwo in Sklaverei oder Gefangenschaft gerathen waren, loszulösen.[5]

Dem gegenüber stand, dass der Raja von seinen Unterthanen keine nennenswerthen Einnahmen zog.[6]

Wie sollte er sich unter diesen Umständen helfen?

Eine vorzügliche Gelegenheit, um aus der Klemme zu kommen, boten das dem Haupte zustehende Recht der Rechtsprechung und das strenge Schuldrecht.

Im Hinblick auf die späteren Reformen seitens der

---

[1] Kroesen p. 223; Résumés p. 37, 38.

[2] Kroesen p. 218, 19.

[3] Willer p. 335.

[4] Grund dafür die mangelnde Freizügigkeit der Familien, siehe Willer p. 278.

[5] Willer p. 166.

[6] Willer p. 166 f. zählt die Einnahmen eines Dorfhauptes in den südlichen Theilen auf:

Das Haupt darf niemals eine Steuer in Geld auferlegen,
„ „ empfängt den grössten Theil von den Gerichtsbussen,
„ „ beerbt die ohne Nachkommenschaft sterbenden Adligen,
„ „ bekommt die Bussen, die dem geschlagenen Feinde auferlegt werden,
„ „ empfängt Ehrengaben vom geschlachteten Vieh, von der Jagd und den Erstlingen des Feldes.

Ausserdem entwickelte sich in diesen Theilen aus der Stellung des Hauptes als Wächter über den Gemeindebesitz eine Art von Eigenthumsrecht an den Goldgruben, s. Willer p. 376.

holländischen Regierung muss ich diese Verhältnisse etwas näher beleuchten.

Das alte battasche Gewohnheitsrecht kannte weder vorläufige Untersuchung, noch öffentliche Anklage.[1] Die Ehrlichkeit und Weisheit des Richters waren unbedingte Voraussetzung. So konnte ein Haupt veranlassen, dass jeder, der etwas besass, wegen irgend welcher Missethat angeklagt wurde, und einerlei, ob eine Ueberführung stattfand oder nicht, dafür die höchste Busse aussprechen, die die Adat erlaubte. Dabei liehen ihm die Feigheit und Habsucht seiner Kollegen[2] nur zu häufig die Hand;[3] das Volk aber nahm in blinder Folgsamkeit Alles, was als Adat verkündet wurde, geduldig hin.[4] Konnte der Verklagte die Summe, zu der er verurtheilt war, nicht zur rechten Zeit auftreiben, so trat das strenge Schuldrecht[5] in Wirkung.

Bei Insolvenz des Schuldners hatte nämlich der Gläubiger das Recht, sich an die Güter, die Person, die Familie des Schuldners, ja, wenn alles das nicht hinreichte, an seine Eltern, Brüder, Bruderskinder und unverheiratheten Schwestern zu halten.

Wer eine Schuld nach einer bestimmten Zeit nicht abgetragen hatte, musste wegen derselben vom Dorfrath, d. i. dem Raja und den Familien-Aeltesten, zur Verantwortung gezogen werden; konnte er sie nicht abbezahlen, so hatte er sich selbst als Pfand dem Gläubiger zur Verfügung zu stellen. Dieser zog nun so lange Vortheil von der Arbeitskraft und dem Feldertrag seines Schuldners, bis dieser im Stande war, seine Schuld abzubezahlen. Die Schuld konnte niemals verjähren. Starb der Schuldner, so gingen seine Verpflichtungen auf die Erben über. Nach längerer oder kürzerer Zeit

---

[1] Willer p. 245; der Kinderen p. 33.

[2] Dem Haupt der Gemeinde standen berathend zur Seite die Familienältesten, deren oberster in den nördlichen Theilen der Bajo-Bajo war, s. Kroesen p. 218 f. Ueber die einzelnen Glieder des Gemeinderaths im Süden, siehe Willer p. 155 f.

[3] Willer p. 283.

[4] Willer p. 267.

[5] Willer p. 191—94.

konnte der Gläubiger beim Dorfrath beantragen, den Schuldner zum Sklaven zu machen.

Der Besitz von Sklaven galt recht eigentlich für den Herrscher als erstrebenswerth.[1]

Sklaven waren ein currenter Handelsartikel;[2] in Mandheling standen mit einem Menschen im Werthe gleich:[3] ein Büffel, sechs Schweine und viertausend Pfund Padie.[4]

Zudem hob der Sklavenbesitz das Ansehen des Eigenthümers bedeutend und erleichterte die Gewinnung reichlicher Nahrungsmittel.[5]

Es ist daher leicht verständlich, dass die Häupter sich principiell den Besitz von Sklaven reservirt hatten, und dass die Sklaverei als Strafe in das Strafrecht aufgenommen war.[6]

Eine bevorzugte Stellung nahmen einige Häupter von Mandheling ein wegen des Besitzes von sogenannten Lubufamilien,[7] die im Gebirge östlich von Gross-Mandheling wohnen. Diesen waren durch ihre Herren Felder angewiesen, wovon sie einen Theil des Ertrages zu entrichten hatten,[8] und wofür sie dann und wann Dienste verrichteten.[9]

Der Umstand, dass die Gemeindeglieder in Mandheling an ihre Gemeinde gefesselt waren,[10] machte es in den südlichen Theilen den Häuptern besonders leicht, von den ebengenannten Mitteln zur Bereicherung Vortheil zu ziehen; aber

---

[1] Godon p. 26.

[2] Die malaiischen Händler brachten Gewehre, s. Willer p. 413, Salz und Eisen, s. Willer p. 388.

[3] Willer p. 388.

[4] Padie = ungeschälter Reis.

[5] In Sipirok hatte der Sklave seinem Herrn vom Ertrage seines Feldes 25—30 % abzugeben. Ber. d. Rh. M. 1868 p. 43.

[6] Willer p. 187.

[7] Die Lubu sind ein nomadisirendes, den Malaien stammverwandtes Volk, doch schon in einer sehr frühen Periode von diesen getrennt. Sie kleiden sich in Baumrinde, leben von der Jagd und pflanzen etwas Mais. Pruys p. 53; Ty. B. G. 1855 p. 402.

[8] K. V. 1877 p. 75.

[9] Pruys p. 53.

[10] vergl. oben S. 23, 4.

auch in den nördlichen Theilen, wo die Familien der Gemeinde freier gegenüberstanden, und wo es nichts Seltenes war, dass Familien sich unter die Oberhoheit eines andern Raja begaben,[1] boten sich, besonders wegen der Prozesslust des Volkes,[2] den Häuptern genügende Handhaben dar, um ihr Ziel zu erreichen.

So kam es, dass der Batta sich, inmitten der freigebigen Natur, gänzlich der Sorglosigkeit und Trägheit hingab, dass er seinen Acker vernachlässigte[3] und sich rückhaltlos der Leidenschaft des Hazardspiels hingab,[4] wodurch er wiederum dem Interesse der Häupter in die Hand arbeitete, indem er dadurch oft veranlasst war, Schulden zu machen.

Ein vorzügliches Kennzeichen des Niveaus, auf dem sich die wirthschaftliche Energie befand, ist der Umstand, dass die Bevölkerung mit besonderer Vorliebe den bequemeren Ladangbau (Reisbau auf trockenen Feldern) betrieb, auch wo die Anlage von Sawahs möglich war,[5] und

---

[1] Kroesen p. 211.
[2] Pruys p. 48.
[3] Willer p. 371.
[4] Willer p. 269.
[5] Der Reisbau auf trockenen Feldern erfordert nämlich nur alle drei Jahre eine nennenswerthe Arbeit: die des Waldrodens. (Nach 3 Jahren ist gewöhnlich das wilde Gras so hoch aufgeschossen, dass ein neues Terrain in Angriff genommen werden muss.) Ist die Rodungsarbeit verrichtet und die Saat ausgestreut, dann hat der Bauer bis zur Ernte nichts zu thun, als Wildschweine und Vögel zu verscheuchen, was übrigens auch Frau und Kinder besorgen können: denn über dem Reisfelde hat er ein Gewebe von Fäden angebracht, das mit einer Anzahl lärmverursachender Instrumente behängt ist, und woran die in einem Wachthäuschen sitzende Person nur zu zerren braucht, um das nöthige Geräusch zur Abschreckung der ungebetenen Gäste zu verursachen.

Beim Sawahbau hat man alle Jahr den Boden neu zu bearbeiten, die Deiche, die das Wasser auf dem Felde zurückhalten sollen, zu verbessern oder zu erneuern; weiter muss das einfliessende Wasser gehörig regulirt, die Leitung im Stand gehalten werden, und Witterungsverhältnisse können bei der Arbeit einmal grössere Eile nothwendig machen. Buys p. 167.

dass das Vieh nicht zu Ackerbauzwecken, sondern nur zum Schlachten bei den Festen verwerthet wurde.[1]

Dieser Geringschätzung der wirthschaftlich günstigen Faktoren entsprach das Fehlen jeder Industrie. Als einzige Reaktionen der wirthschaftlichen Energie findet sich der bei den Battas allgemeine Charakterzug der Habsucht und des Geizes.[2]

Aus den bisherigen Ausführungen geht hervor, dass die einer starken Volksvermehrung nicht überall günstigen Nahrungsverhältnisse bei den Battas auf Indolenz stiessen. Die Folge davon war, dass das Volk nicht nur in vollständige Abhängigkeit von den Bodenverhältnissen gelangte, sondern auch, dass das unmittelbar Gebotene unvollkommen ausgenutzt wurde, so dass die Bevölkerungszahl nicht einmal heranreichte an die Höhe, welche die natürlichen Verhältnisse gestattet haben würden.[3]

Zwar waren die Battas äusserst kinderliebend,[4] aber die durch den fortdauernden Kriegszustand und die Sorglosigkeit in der Wirthschaft hervorgerufene Unordnung in den Nahrungsverhältnissen, die mangelhafte Kleidung und der Schmutz in den Häusern und rings im Dorfe bereiteten endemischen und epidemischen Krankheiten eine fruchtbare Stätte.[5]

Der Gesundheitszustand wurde noch durch alte, auf Aberglauben und Eitelkeit beruhende Gewohnheiten bedroht.[6]

Der Volksvermehrung besonders ungünstig war aber die gedrückte Stellung der Frauen[7] und die Institution der Sklaverei.[8]

---

[1] Willer p. 375; Müller p. 115.

[2] Willer p. 268.

[3] Junghuhn II p. 195.

[4] Buys p. 155.

[5] Godon p. 26.

[6] So liess man die Leichen der Verstorbenen so lange über der Erde faulen, bis die genügende Anzahl Büffel zum Festschmaus zusammengebracht war, was oft lange Zeit in Anspruch nahm. Godon p. 20.

[7] Willer p. 288 ff.

[8] Willer p. 281.

Es bleibt noch die Betrachtung der wirthschaftlichen Verhältnisse der Ulu übrig, welche das Oberland des Gadis bewohnen.

Diese, den oben erwähnten Lubus, und mit diesen den Malaien verwandt,[1] standen auf einer niedrigeren Stufe der Kultur, als die benachbarten Battas. Von einem System ist in ihrem Gewohnheitsrechte nicht die Rede. Der Umstand, dass sie ihre Ehen nach battascher Art schliessen und ihre Erbschaften nach malaiischer Sitte regeln,[2] scheint vielmehr anzudeuten, dass sich der Uebergang zur Sesshaftigkeit bei ihnen unter dem doppelten Einfluss der Malaien und der Battas vollzog.[3] Bei ihnen herrschte die Sitte, die erschlagenen Feinde su verspeisen.[4] Zu ihrem Wohnort und zum Ackerbau gewannen sie keine Liebe, und so war es kein Wunder, dass sie ein von Natur armes Land nicht zu einem Sitz des Wohlstandes zu machen wussten.

Trotz der traurigen wirthschaftlichen Verhältnisse unter den Battas und den Ulu müssen unsere Gebiete aber doch bis in die zwanziger Jahre unseres Jahrhunderts hinein beträchtlich bevölkert gewesen sein.

Die Hülfsmittel des Landes waren so reichlich, und die Bedürfnisse der Menschen so gering, der Boden so fruchtbar und der Kinderreichthum so gross, dass es den Epidemieen nicht gelingen wollte, die Bevölkerung auszurotten, und dass die Fürsten immer neues Material vorfanden, um den Sklavenstand anzufüllen.[5]

Als aber die Holländer Herren der genannten Distrikte wurden, trat ihnen das bitterste Elend und eine im Verhältniss zur Grösse und Fruchtbarkeit der Distrikte minimale Bevölkerungszahl entgegen.[6] Besonders in Angkola fand man gerade die fruchtbarsten Stellen verlassen und die Be-

---

[1] Ty. Bat. Gen. 1855 p. 59 u. 402.
[2] Vergl. oben S. 19, 1.
[3] Résumés p. 43.
[4] Willer p. 347.
[5] vergl. Willer 388.
[6] Willer p. 386; Lange II p. 318.

völkerung an möglichst unzugänglichen Stellen angesiedelt.[1] Die Fläche von Ober-Angkola war fast unbewohnt.[2] Der breite nördlichste Theil des Thalgrundes von Angkola war eine Wildniss, in welcher Hirsche sich aufhielten.[3]

So hatten die Padries gewirthschaftet! Die Leiter der Banden hatten die Häupter abgesetzt, Stellvertreter in den durch Feuer und Schwert islamisirten Gebieten zurückgelassen, und diese hatten mit dem übriggebliebenen Theil der Bevölkerung Sklavenhandel nach der Ostküste zu getrieben, von wo sie Gewehre und Munition bezogen.[4]

Es war dadurch in unsern Gebieten vollends Alles vernichtet, worauf die Regierung zur Erlangung direkter Vortheile sich hätte stützen können, und das Einzige, was ihr die Herrschaft der Padries Günstiges eingebracht hatte, war, dass diese das Menschenfressen unterdrückt hatten,[5] und dass der Dünkel der Battas[6] von ihrer eigenen Vortrefflichkeit gebrochen war.[6]

Die allgemeinen kolonialwirthschaftlichen Gesichtspunkte, welche die holländische Regierung bei der Besetzung der Bergdistrikte leiteten, lernten wir schon in der Einleitung kennen. Sehen wir jetzt, wie sich die Regierung mit den besonderen Verhältnissen auseinandersetzte.

Aufschluss darüber giebt uns die Denkschrift des Ministers van den Bosch an den Generalgouverneur Baud vom December 1838.[7]

Voran steht: Es sollen in den Landen keine direkten Steuern erhoben, noch Frohnden auferlegt werden. Die

---

[1] Junghuhn I p. 130; Müller p. 111.
[2] Müller p. 113.
[3] Junghuhn I p. 140.
[4] Willer p. 420—23.
[5] Willer p. 347.
[6] Junghuhn II p. 116.
[7] Ty. N. J. 1867 I p. 385—414.

Regierung soll sich beschränken auf die Erhebung von mässigen Ein- und Ausfuhrzöllen.[1]

Der Vortheil der Regierung muss also gesucht werden in der Blüthe des Handels in jenen Gegenden.

Da aber unter diesen Verhältnissen naturgemäss die Einnahmen nur gering sein können, muss die Verwaltung so billig wie möglich eingerichtet werden.[2]

Das klingt Alles mehr nach Begünstigung einer freiheitlichen Entwickelung als nach der vorher besprochenen Sehnsucht der Regierung nach direkten Vortheilen. Eine europäische Verwaltung, Ordnerin der unglücklichen politischen und wirthschaftlichen Verhältnisse in den Berglanden, konnte leicht die Stütze werden aller wirthschaftlich tüchtigen Elemente.

Aber in der Art, wie die europäische Verwaltung im Interesse des Handels auftreten sollte, kommt die specielle holländische Färbung der Bestimmungen ans Licht.

Die Beamten sollten nämlich dafür sorgen, dass die Kosten der Verwaltung und des militärischen Schutzes gleich gedeckt würden durch die Einkünfte, oder wenigstens durch Ueberschüsse, die binnen vier oder fünf Monaten zu erwarten waren.

Um dieses Ziel zu erreichen, wurden ihnen folgende Hülfsmittel zur Verfügung gestellt: Sie sollten sich der Mitwirkung der einflussreichsten Inländer zur Hebung der Produktion versichern dürfen und zwar durch Auszahlung von Besoldungen an dieselben, welche dem Stande der Personen und dem Nutzen entsprächen, den man von ihnen erwarten könne.[3] Man solle sich nicht stützen dürfen auf die militärische Macht, die so viel wie möglich einzuschränken sei und die nur in den dringendsten Fällen Kulies requiriren dürfe.

Bei der Sorge für gute Handelsstrassen sollten die Beamten Gebrauch machen von der Verpflichtung der Bevölke-

---

[1] p. 393.
[2] p. 394.
[3] p. 409.

rung ihren Häuptern gegenüber, bei der Eröffnung und Instandhaltung guter Wege mitzuwirken. Für die Verbesserung der Verkehrsmittel sollten Gelder von der Regierung zur Verfügung gestellt werden.

Diese Bestimmungen geben schon ein anderes Bild von den holländischen Plänen: Die Beamten stützen sich auf den Einfluss der Häupter und nehmen die Arbeitskraft der Bevölkerung in Anspruch, um die Produktionskraft des Landes und den Umsatz an den Hafenplätzen hinaufzuschrauben. Volles Licht fällt aber auf die Pläne des Ministers durch die folgenden Bestimmungen: Marktplätze sollen im Verbande mit den Kommunikationsverbesserungen geschaffen werden unter Zuziehung der Agenten der „Handelmaatschappy", d. i. der vom König selbst gestifteten Handelsgesellschaft, und weiter: Zur Ermuthigung des Landbaues und solcher Kulturen, die im Handel eine Rolle spielen, sollen an bestimmten Plätzen beschützende Preise geboten werden, wogegen die Inländer jederzeit ihre Produkte der Regierung sollen verkaufen können, ohne freilich dazu gezwungen zu sein.[1]

Da haben wir die eigentliche Absicht der Regierung: Sie wünschte die Produkte des Binnenlandes selbst zu kaufen und die Bedürfnisse der Inländer der von ihr begünstigten Handelsgesellschaft dienstbar zu machen.

Wie aber konnte der Minister solche Pläne mit den Battaländern verbinden? Kulturen gab es in den Battaländern nicht, auch keine Bedürfnisse. Was dazu die Verpflichtung der Bevölkerung zur Eröffnung und Instandhaltung der Wege betrifft, so zeigte der elende Zustand derselben, dass diese zum mindesten lange schon eingeschlafen war.

Wir werden wohl annehmen müssen, dass der Minister von den speciellen Verhältnissen in den Battadistrikten so gut wie nichts wusste. Denn der Boden, auf dem er seinen Plan aufgebaut hatte, war die Ueberzeugung, dass die ganze Bevölkerung von Sumatra von einer leidenschaftlichen Erwerbslust beseelt sei; überall trete diese hervor, wo nur Ruhe herrsche. Von Unterschieden wusste er nur so viel,

---

[1] p. 410.

dass nicht alle unterworfenen Völker auf gleicher Kulturstufe ständen, und dass einige der battaschen Stämme noch Menschenfleisch ässen.[1] Was die Regierungsform betrifft, so dachte er sich dieselbe überall gleich: „Sie ist demokratisch, die Völker ernennen ihre Häupter selbst und setzen sie wieder ab, sobald sie Ursache zur Unzufriedenheit haben."[2]

Aber mochte der Minister sich immerhin in Ungewissheit über die konkreten Verhältnisse der Battadistrikte befinden, es war ihm klar, dass die Besetzung der Binnenlande von Sumatra nur dann einen Sinn habe, wenn man die Produktionskraft des Landes den Wünschen der Regierung anpasste.[3]

Konnten die Battaländer in diesen Rahmen nicht eingefügt werden, so war mit ihnen eben nichts zu machen.

Der zweite Theil meiner Arbeit wird sich damit zu beschäftigen haben, wie man versucht hat, und auf welche Weise es gelang, die in wirthschaftlicher Lethargie hoffnungslos daliegenden Battadistrikte in die Form zu bringen, wie sie der holländischen Kolonialwirthschaft auf der Westküste von Sumatra entsprach.

---

[1] p. 388.
[2] p. 390.
[3] p. 389.

THEIL II.

DIE EINFÜHRUNG DER KAFFEEKULTUR.

A. Die ersten unglücklichen Versuche.

Mit der Ausführung der soeben besprochenen Bestimmungen hatte der König auf Vorschlag des Ministers den P. Merkus, früher Mitglied des indischen Rathes, betraut,[1] der, wie schon oben erwähnt, im Juli des Jahres 1839 nach Padang kam.

Dieser Regierungskommissär war es, der vor die Aufgabe gestellt war, den Widerspruch zu lösen, in welchem sich die Pläne des Ministers mit den konkreten Verhältnissen in den Battadistrikten befanden.

Als Autorität stand ihm bei der Lösung seiner Aufgabe der Gouverneur Michiëls zur Seite, der Mann, dessen Vorliebe für die Battalande wir aus der Einleitung schon kennen.

Es ist nöthig, sich klar zu machen, wie sich Michiëls die Verhältnisse in den Gebieten mit Rücksicht auf die Verwirklichung der Regierungspläne vorstellte.

Während des Krieges hatte sich ihm gezeigt, von welchem Einfluss der Jangdipertuan von Mandheling sei, wenn ihn die holländische Regierung nur gehörig unterstützte.[2] Auch für die Absichten während der Friedenszeit

[1] Ty. N. J. 1867 I p. 408.

[2] Lange II p. 18, 19, 22, 25, 31.

musste dieses patriarchalische Oberhaupt eine feste Stütze abgeben. Für die gute Gesinnung der übrigen Häupter sprach dazu der Umstand, dass sie den Holländern ihre Wiedereinsetzung in ihre alte Würde verdankten, aus welcher sie durch die Padries verdrängt worden waren.

Und wenn es sich auch unter den Augen des Kommissärs Ende des Jahres 1839 zeigte, dass es in Mandheling schon eine den Holländern feindliche Partei gab,[1] so stand dieser betrübenden Thatsache doch gegenüber, dass die Häupter von Mandheling und Ulu um Einsetzung eines holländischen Verwaltungsbeamten gebeten hatten,[2] und dass in den bisher durch innere Kriege beunruhigten Landschaften die Sicherung der Ruhe als eine Wohlthat empfunden werden musste.

Der Einrichtung einer wirksamen Bevormundung durch das Mittel der Häupter stand also nichts im Wege. Im Vergleich zu den Verhältnissen in den malaiischen Berglanden schien dieselbe sogar sehr aussichtsvoll. Hatte man es doch hier mit einem Volke zu thun, das den religiösen Fanatismus nur als seinen schlimmsten Feind kannte.[3]

Auch was die Arbeiten für die Verbesserung der Kommunikationsverhältnisse betraf, schienen die Verhältnisse sehr günstig zu sein. Die Häupter von Mandheling nämlich maassten sich das Recht an, die Bevölkerung zur Ausführung der öffentlichen Arbeiten heranzuziehen,[4] und das Langthal schien einen herrlichen Absatzweg nach der Westküste im Sinkuang zu besitzen, der ja die Wasser des Angkola und Gadis vereinigte.[5]

---

[1] Siehe Lange II p. 369, 70. Der in Mandheling stationirte Unter-Lieutenant erhielt Befehl, Hülfstruppen in Mandheling auszuheben für eine militärische Expedition. Eines der höchstgestellten Häupter weigerte sich, sein Kontingent zu stellen. Der Lieutenant wurde in der Nähe des dem Haupte gehörenden Dorfes überfallen und getödtet. Motive werden nicht angegeben. Die Bestrafung erfolgte bald darauf. Das aufständische Haupt wurde abgeführt.

[2] Lange II p. 369.

[3] Lange II p. 250, 51.

[4] Willer p. 167.

[5] Der Hydrograph Osthoff hatte zwar nachgewiesen, dass die

Wie aber wollte der Gouverneur von diesen Verhältnissen Nutzen ziehen?

Der Goldreichthum des Landes scheint einige Zeit seine Aufmerksamkeit erregt zu haben. Zwei Geologen untersuchten die Minen im Jahre 1838. Aber wenn diese auch den Goldreichthum von Klein-Mandheling, Ulu und des Oberlandes von Natar konstatiren konnten,[1] so wiesen sie doch zugleich auf das zweifelhafte Resultat einer systematischen Ausbeutung[2] und auf das Misstrauen der Häupter, das diese ihrem Interesse für die Goldminen entgegensetzten.[3]

Da also Michiëls dem Kommissär keine Produktion aufweisen konnte, die hätte geschützt werden können, blieb nichts anderes übrig als die Einführung einer neuen Kultur, eine Maassregel, welche der holländischen Regierung in jenen ersten Zeiten des Kulturensystems geläufig war und die bei der günstigen Ansicht von der Stimmung von Häuptern und Bevölkerung und dem Einfluss des Jangdipertuan leicht durchführbar schien.

Wegen der Einfachheit der damit verbundenen Arbeit empfahl sich von vornherein speciell die Einführung der Kaffeekultur.[4]

Der Kaffeebaum[5] verlangt nur Luft, Beschattung[6] und

Mündung des Sinkuang vor den Nordwestwinden nicht geschützt und durch eine Sandbank geschlossen sei, hatte aber zugleich angegeben, wie man leicht die Insel Eli, die über den Strand zu erreichen sei, als Stapelplatz verwenden könne. Osthoff p. 20. 21.

1 Müller p. 143 f., 148, 150 f., 159 ff., 168 ff., 180 ff.

2 Müller p. 171 f.

3 Müller p. 173, 6.

4 Willer p. 383.

5 Es handelt sich hier um den sogenannten arabischen Kaffeebaum, der in Afrika, und zwar im Gebiet des Sudans heimisch ist. Fuchs p. 3.

Es ist ein immergrüner, 8—20 Fuss hoher, einem mässigen Kirschbaum vergleichbarer Baum (Ritter, Asien XIII p. 539), mit eirundlänglichen Blättern und blattwinkelständigen, zu 5—7 gehäuften, wie Jasmin riechenden Blüthen und eiförmigen, bei der Reife rothen, den Cornelkirschen ähnlichen Beeren. Leunis p. 770.

Diese enthalten in einem losen, süssschmeckenden (Fuchs p. 2) Fleisch zwei auf dem Rücken gewölbte, vorn flache, mit einer Mittel-

Schutz vor Unkraut.[1] Die Kaffeebohnen, von denen immer zwei in einer Beere enthalten sind, werden gewonnen, indem man das sie umhüllende Fleisch eintrocknen lässt und dann entfernt. Die feine, pergamentähnliche Haut zu entfernen, welche sie weiter noch umschliesst, erfordert zwar komplizirte Einrichtungen,[2] braucht aber nicht im Produktionslande zu geschehen. War also einmal bekannt, wie und in welchen Zwischenräumen die Bäume gepflanzt werden müssten, und was für Bäume als Schattenbäume geeignet seien, so blieb der Initiative des Pflanzers nur die Sorge für die Reinhaltung des Bodens und für das Pflücken gut reifer Beeren übrig. Das Pflücken verlangt deshalb einige Sorgfalt, da der Kaffeebaum zu gleicher Zeit unreife und reife Früchte trägt.[3]

Das Dilemma in unsern Gebieten schien also auf leichte Weise gelöst werden zu können. Demgemäss schritt der Kommissär Ende 1840 zur Organisation der Verwaltung in den Bergdistrikten Ulu, Pakanten, Mandheling, Angkola und Sipirok, welche vorzüglich für die Kaffeekultur in Betracht zu kommen schienen.

Ein höherer Verwaltungsbeamter mit dem Titel Assistent-Resident wurde in Gross-Mandheling stationirt in der Nähe des mehrgenannten einflussreichen Jangdipertuan, ein Ver-

---

furche versehene Samen: die im Handel vorkommenden Kaffeebohnen. Scherzer p. 120.

Der Baum fängt im dritten Jahr an zu tragen, hält sich aber selten über zwölf Jahre gut. Leunis p. 770.

[6] Gegenüber dieser Annahme steht freilich das Resultat der neuesten wissenschaftlichen Forschung. Fuchs schreibt: Früher hielt man gute Beschattung für ein nothwendiges Erforderniss (p. 25), wesshalb zu der Sorge für den Kaffeebaum die für den schattengebenden Nebenbaum trat. Nach neueren Erfahrungen ist der Schattenbaum aber nur zu verwenden, wo die Wärme zu intensiv und die Atmosphäre nicht feucht genug ist. p. 65.

Beim Pflanzen ist besonders auf genügenden Abstand der Bäume zu achten. Sind diese zu dicht gepflanzt, so ersticken sie einander oder schlagen sich gegenseitig die Früchte ab, wenn der Wind sie bewegt.

[1] Fuchs p. 26.

[2] Leunis p. 770.

[3] Leunis p. 770.

waltungsbeamter niederen Ranges, Kontrolleur, wurde für die Beaufsichtigung von Ulu und Pakanten, ein zweiter Kontrolleur für die von Angkola und Sipirok bestimmt. Der Assistent-Resident war der Chef der ganzen Abtheilung und ressortirte unter dem Residenten von Ajerbangis,[1] der seinerseits direkt unter dem Gouverneur in Padang stand.

Wenige Monate, nachdem die Beamten ihre Posten bezogen hatten, im Anfang des Jahres 1841, erfolgte der Befehl des Gouverneurs zur Einführung der Kaffeekultur.[2]

Entsprachen aber die thatsächlichen Verhältnisse wirklich den rosigen Ansichten der leitenden Persönlichkeiten? Nur zum Theile.

In der That standen die Aussichten für die Einleitung intimer Beziehungen mit den Battas günstig; denn einerseits sahen die Häupter die Schädlichkeit der inneren Fehden nach dem gänzlichen Fehlschlagen ihrer Abwehr gegen die Malaien ein,[3] andererseits fühlten sie das dringende Bedürfniss nach einer gewissen höheren Civilisation, da sie sich als Battas (Heiden) verächtlich vorkamen.[4] Bei taktvollem Auftreten der holländischen Beamten musste also der europäische Einfluss unter den Battas leicht Wurzel fassen können.

Im Irrthum freilich befand sich der Gouverneur über die Kommunikationsverhältnisse der neuen Abtheilung und über die lokalen Verhältnisse für die Kaffeekultur.

Betrachten wir zunächst die Kommunikationsverhältnisse.

Die Wasserstrasse des Sinkuangflusses war für Transportzwecke aus zwei Gründen unbrauchbar. Erstens hat der Gadis vor seiner Vereinigung mit dem Angkola wegen starker Senkung seines Bettes einen pfeilschnellen Lauf, und zweitens verengt sich bald nach der Vereinigung das Bett des Sinkuang sehr bedeutend.[5]

---

[1] Godon p. 9, 10.
[2] Godon p. 9.
[3] Junghuhn II p. 115.
[4] Neubronner p. 417, 18.
[5] Willer p. 260, 61.

So musste der Handelsverkehr nach der Westküste über das Bergland hinweg bewerkstelligt werden, das im Norden und Süden den sumpfigen Küstenstrich umschliesst.

Diese Wege, von Mandheling aus bei Ajerbangis und Natar, von Angkola aus an der Tapanuli-Bai endigend, hatten zwar in der Kriegszeit gute Dienste geleistet, waren aber äusserst mühsam und konnten nur schwer in bequeme Handelsstrassen umgewandelt werden.

Der Weg nach Ajerbangis lief über weithin unbewohntes Bergland.[1] Am Wege nach Natar, der dem Natarfluss folgte, gab es zwar eine Reihe aus Gross-Mandheling stammender Ansiedelungen,[2] aber er führte von Gross-Mandheling aus, das etwa 500 Fuss über dem Meere liegt,[3] zunächst über einen Bergpass von etwa 4000 Fuss[4] und dann herab über ein durch Bergströme zerklüftetes Hochland.[5]

Von Angkola aus ging es über die Süd-West-Ausläufer des Lubu-Raja unter beschwerlichem Steigen und Fallen zum Batang-toru.[6] Dieser breite Fluss, der selbst für Transportzwecke unbrauchbar ist, weil seine Mündung versandete,[7] musste auf schwankender Brücke überschritten werden, die die Bevölkerung aus Rottan zu verfertigen verstand;[8] weiter führte der Weg zum Theil durch sumpfiges Terrain[9] zum Lumutfluss, der wohl zu Transportzwecken brauchbar war, aber oft durch umgefallene Baumstämme versperrt wurde.[10]

Auf diesen Wegen hatten die Transporte von Mandheling zur Küste sieben,[11] von Angkola aus fünf Tage in Anspruch genommen.[12]

---

1 Godon p. 10.
2 Résumés p. 44.
3 Pruys p. 45.
4 Godon p. 9.
5 Müller p. 191—200.
6 Buys p. 218.
7 Müller p. 89; Kessel p. 76.
8 Junghuhn I p. 105; Müller p. 107.
9 Buys p. 236.
10 Buys p. 239.
11 Willer p. 384.
12 Junghuhn I p. 97 ff.

Eine durchgreifende Verbesserung dieser Wege wurde nicht bloss durch die Terrainverhältnisse, sondern auch durch die tropische Natur, das häufige Vorkommen von heftigen Regen und von Erdstössen, erschwert.[1]

Und eine solche Verbesserung sollte erreicht werden durch Wiederbelebung der Verpflichtung der Bevölkerung, Wege zu eröffnen und zu unterhalten!

Die anwohnende Bevölkerung, welche den Befehlen des Kontrolleurs von Natar, respective des auf Pontjang stationirten Beamten unterstellt war, war viel zu schwach, als dass sie diese Aufgabe in genügender Weise hätte lösen können.[2]

Aber auch innerhalb der Bergdistrikte selbst musste die Wegearbeit grosse Mühe verursachen. Die Flüsse mussten an manchen Stellen überbrückt werden,[3] schwierig war das Terrain zwischen Sipirok und Ober-Angkola,[4] schwierig die Verbindung von Angkola mit Mandheling, mühsam die Weganlage in der Ulu und nach Pakanten.[5] Nur an wenigen Stellen war während der Kriegsjahre vorgearbeitet worden.[6]

Eine bedeutende Kraftanstrengung war also das Erste, was die neue Regierung von den Battas zu fordern hatte.

Wie musste diese Forderung von den Battas aufgenommen werden?

Sie selbst kannten den Nutzen guter Wege nicht, und hatten sich die Häupter auch das legitime Recht beigemessen, die Untergebenen zu öffentlichen Arbeiten heranzuziehen, so war doch, sogar in Mandheling, von diesem Rechte immer ein so geringer Gebrauch gemacht worden,[7] dass die Bevölkerung in der Forderung der Holländer nur einen Ausdruck der Macht des Stärkeren erblicken konnte. Eine rücksichtslose Durchführung des Befehles zur Verbesserung der

---

1 vergl. K. V. 1874 p. 14 u. 208.

2 Siehe weiter unten.

3 Junghuhn I p. 138; Godon p. 9.

4 Buys p. 194.

5 Godon p. 8.

6 Müller p. 140 erwähnt einen „meisterhaft ausgehauenen“ Weg oberhalb Kotta Nopan.

7 Willer p. 167.

Wege konnte deshalb leicht die holländischen Beamten in Gegensatz zur Bevölkerung bringen und die günstige Stimmung bei derselben verderben.

Betrachten wir weiter die lokalen Verhältnisse für die Kaffeekultur.

Hatte die Regierung für die Einführung der Kaffeekultur vorzugsweise die Kulturgebiete des Centralgebirges ins Auge gefasst, weil dort die besten Verhältnisse für die Ernährung einer dichten Bevölkerung vorhanden waren, so nahm wieder unter diesen Gebieten das Thal von Gross-Mandheling eine hervorragende Stellung ein, weil dort die Nahrungsverhältnisse am günstigsten waren. Hier hatte auch die Bevölkerung seit 1832 Gelegenheit gehabt, sich von den Einfällen der Padries zu erholen. [1]

Wir können rechnen, dass es in jener Zeit gegen 17000 Köpfe in Gross-Mandheling gab, gegen 11000 in Klein-Mandheling, 5000 in Ulu und Pakanten und 11000 in Angkola und Sipirok. [2]

Gerade Gross-Mandheling aber bot die schwierigsten Verhältnisse dar für Einführung der Kaffeekultur: Es ist ein geräumiges Thal, rings von Bergen umgeben, in dem über Tag eine hohe Temperatur herrscht. [3] Der Boden, von den in grossen Mengen niederrieselnden Bächen in einen Sumpf verwandelt, [4] ist steinigt, und der Abfall der Berge vielfach so steil, dass der Regen die fetten Erdtheile, die oft nur dünn einen zähen, rothen Lehmgrund bedecken, noch wegspült. [5]

Dabei ist ein Haupterforderniss für den Kaffeebaum frische Luft, und ausserdem eine bestimmte Tiefe der Humusschicht ohne steinigten Untergrund. Auch muss der Boden eine gewisse Trockenheit besitzen; stauende Nässe ist schädlich. [6]

---

[1] vergl. Müller p. 130.
[2] Godon p. 4.
[3] Godon p. 16.
[4] Pruys p. 45; Willer p. 370.
[5] Willer p. 383.
[6] Fuchs p. 25, 66, 67.

So war gerade in Gross-Mandheling eine sorgfältige Auswahl der Plätze für den Kaffeebaum nöthig, und dem Beamten stellten sich gerade in dem Distrikt der Abtheilung technische Schwierigkeiten in den Weg, wo sich die Einführung wegen der Menge der Bevölkerung und der Macht der Häupter besonders empfahl.

Sehen wir, ob die Verwaltung sich dieser Schwierigkeit gewachsen zeigte.

Dies war keineswegs der Fall.

Im Thalgrunde, und zwar mit Vorliebe an der Seite des Weges,[1] wurden wohlumzäunte Gärten angelegt, in welchen die auf Beeten gezogenen Pflänzchen eingesetzt wurden. Manche von diesen Anpflanzungen haben es nie zu einem Ertrage gebracht. Auch rings um die Dörfer wurde Kaffee gepflanzt. Der schoss wohl hoch und blattreich auf, brachte es aber auch nur zu spärlichem Ertrage.[2] Zu diesem Misserfolg trug der Umstand bei, dass man den Pisang als schattengebenden Nebenbaum verwandte. Mit diesem breitblättrigen Baum hatte man es versucht, weil der sumatranische Dadap-Baum als Schattengewächs nicht so geeignet schien, als der javanische.[3]

Wie einfach also auch die Kaffeekultur erschien, die Einführung selbst schon überstieg die technischen Fähigkeiten der damit betrauten Beamten.

Der Hochdruck, mit dem von oben herab die Erweckung der Produktionskraft unserer Distrikte betrieben wurde, trug gewiss das Seinige dazu bei, dass die Beamten sich die Einführung der Kultur leicht machten. Derselbe Umstand musste schädlich auf das ganze Verhältniss zu der trägen Bevölkerung wirken, mit deren Hülfe die Beamten ja die Kommunikationsverhältnisse zu verbessern hatten.

Es ist denn auch nicht wunderbar, dass Alles, was von der Bevölkerung gefordert wurde, die Arbeit im Kaffeegarten und an den Wegen, den Charakter der Zwangsarbeit bekam,

---

[1] Godon.
[2] Godon p. 5, 11, 16.
[3] Willer p. 383.

und dass sich die battasche Gemeindeverwaltung unter dem Druck der holländischen Forderungen wesentlich modifizirte.

Den Beamten war es leicht gewesen, in Mandheling das Bestehen politischer und territorialer Einheiten zu entdecken. Die Bundesgenossenschaften, von denen oben die Rede war, waren in der Padriezeit zu Bedeutung gekommen unter dem Namen von Kurias.[1] Zwei solcher hatte man in Gross-Mandheling vorgefunden, vier in Klein-Mandheling, zwei in Pakanten. In der Ulu hatte man die drei einflussreichsten Häupter zu Kuriahäuptern ernannt.[2] In Angkola und Sipirok war das Vorhandensein ungetheilter Territorien nicht gleich erkannt worden und so hatte man Unter-Angkola, Ober-Angkola und Sipirok unter je ein besonders einflussreiches Haupt gestellt.[3]

Den Häuptern der Kurias und Distrikte war eine jährliche Subvention von 240 Gulden, dem Jangdipertuan eine Summe von 1800 Gulden ausgesetzt worden.[4]

Die so an das niederländische Interesse gefesselten Häupter waren verantwortlich gemacht für die Ausführung der Arbeiten, die der europäische Beamte in den wöchentlichen Versammlungen ihnen zutheilte.[5]

Sie hatten die Arbeit unter die ihnen untergebenen Dorfhäupter zu vertheilen, welche ihrerseits wieder von der Verpflichtung befreit waren, mit anzufassen und die für die Ausführung der Arbeiten durch ihre Untergebenen einstanden.[6]

Aber diese Stärkung des monarchischen Elementes genügte nicht, um die Ziele der holländischen Verwaltung zu garantiren. Daher wurden in Mandheling wie in Angkola die Familienältesten, die früher nur als Berather der Häupter eine Rolle gespielt hatten, von den Beamten als Theilhaber an der Verwaltung mit dem Titel Ripéhäupter anerkannt.[7]

---

[1] Willer p. 157.
[2] Résumés p. 45, Willer p. 258.
[3] Willer p. 258.
[4] Godon p. 45.
[5] Kessel p. 74.
[6] Godon p. 12.
[7] Kroesen p. 221, 29.

Ferner wurde das Princip zur Anerkennung gebracht, dass die Häupter von der Bevölkerung zu ernennen seien,[1] wodurch die Regierung Einfluss auf die Besetzung der Rajastellen bekam. In Angkola und Sipirok schliesslich, wo das Dorfhaupt immer auf den Beifall seiner Dorfgenossen angewiesen gewesen war und sich nun zu schwach fühlte, die Befehle der Regierung durchzusetzen, kam es oft zur Anstellung eines zweiten und dritten Dorfhauptes.[2]

Die Regierung bekam auf diese Weise allerdings die grösstmögliche Sicherheit, dass ihre Befehle zur Ausführung gelangten, aber zugleich führte die neue Ordnung dazu, dass der wirthschaftliche Zustand der Bevölkerung sich verschlechterte. Das Princip der Wählbarkeit der Häupter durch das Volk lockerte von vorn herein die Ehrfurcht vor den durch das Gewohnheitsrecht bezeichneten Fürsten. Besonders in Angkola wirkte dieser Umstand nachtheilig: Abenteurer wussten sich hier einzudrängen und das Volk wurde in fortwährender Aufregung erhalten durch das Streben der verschiedenen Häupter, so viele Familien wie möglich unter ihre Hoheit zu bekommen.[3] In Mandheling hinwieder hatte das Volk unter den Willkürlichkeiten der Häupter zu leiden, denen die Wichtigkeit der eigenen Person für die holländische Regierung zu Kopf gestiegen war.[4]

In beiden Theilen wussten die Häupter sich unter dem Schutze der holländischen Regierung zu bereichern. Die von Angkola profitirten von den theuren Reispreisen und verkauften den von ihren Sklaven erwirthschafteten Reis vortheilhaft in den benachbarten holländischen Etablissements,[5] die Häupter von Mandheling brachten den Klein-Handel völlig in ihre Hand.[6]

Wie schädlich aber auch die neuen Verhältnisse auf die Wirthschaft wirkten, für den Beamten war die Erfüllung

[1] Kroesen p. 230.
[2] Kroesen p. 221.
[3] Kroesen p. 222 u. 230.
[4] Godon p. 5 u. 6.
[5] Godon p. 7.
[6] Godon p. 5 u. 6.

der Befehle die Hauptsache. Und wenn ihm gleich die Regierung eine richterliche Gewalt nicht verliehen hatte, schritt er doch zu derber Bestrafung oder zu Auferlegung von Geldbussen,[1] wenn einem Haupte der Gehorsam geweigert wurde, oder wenn sich einer der Arbeit entzogen hatte.[2]

Die Arbeit im Kaffeegarten und an den Wegen war aber nicht das Einzige, was von der Bevölkerung gefordert wurde.

Ganz entgegen der Bestimmung des Ministers, dass keine Frohnden gefordert werden sollten, musste die Bevölkerung — gegen geringe Entschädigung — Material für die öffentlichen Bauten beschaffen und bei den Bauten Hand anlegen. Unentgeltlich hatte sie dazu die öffentlichen Gebäude zu bewachen und Polizeidienste zu leisten, in den Kalkbrennereien zu arbeiten[3] und bei den Beamten aufzuwarten.[4]

Die angeborne Trägheit des Volkes schien wohl eine starke Heranziehung zur Arbeit zu rechtfertigen. Wie wenig erzieherisch aber der angewandte Zwang wirkte, zeigt uns am besten folgende auch für die Beobachterin charakteristische Anklage gegen die Battas auf Sipirok:

„Wer mit wenig Geduld hinauskommt, wird hier in den Stand gesetzt, sich recht darin zu üben, desshalb thut dieses kostbare Kraut hier hoch noth. Oft wills Einem hier warm werden, wenn man die Trägheit der Leute ansieht und dann noch obendrein das brutale Wesen, — man kann es gar nicht so beschreiben; brummt ein Gouvernementsbeamter, wie z. B. ein Controleur, oder auch ein Aufseher mit ihnen, so lachen sie ihn in's Gesicht aus; werden ihnen 20 Hiebe mit Rottangs verordnet, als Medicin, so sind sie bei Austheilung derselben oft noch grob. Ein Beamter verliert hier alles Mitleiden.“[5]

Aber nicht überall blieb es beim passiven Widerstand. Bei den Arbeiten am Wege von der Tapanuli-Bai nach

---

[1] Kessel p. 73.
[2] der Kinderen p. 37.
[3] K. V. 1855.
[4] Ida Pfeiffer p. 224.
[5] Ber. d. Rh. M. 1862 p. 82.

Angkola ergriffen einige Häupter die Partei ihrer Unterthanen und setzten den Befehlen der Regierung eine principielle Nachlässigkeit gegenüber, die nach und nach in offenen Widerstand ausartete. Auf der Strecke von Lumut zum Batang-toru kam es zu vielfachen Auswanderungen. Ermuthigt wurden die Widersetzlichen durch die kühne Haltung eines in der Nähe der Bai in sicherem Neste hausenden Battahauptes, der Alle mit seiner Feindschaft bedrohte, die der Regierung zu Willen waren.[1]

Dieser Raja war es, gegen den Michiëls, wie ich am Schluss der Einleitung erwähnte, im Anfang des Jahres 1841 zu Felde zog.

Wenden wir uns jetzt zu den Resultaten und machen uns ein Bild von den Verhältnissen im Jahre 1843 und 44, als die ersten Kaffeebohnen gepflückt und in Säcke verpackt waren.

Die Beamten hatten zunächst Mühe darauf verwandt, die Schwierigkeiten zu überwinden, die einer Benutzung des Sinkuang für Transporte im Wege standen. Als das nicht geglückt war, hatten sie sich der Verbesserung des Weges nach Ajerbangis zugewandt, wo ja der obere Chef der Abtheilung residirte. Auch diese Arbeit war aber fruchtlos geworden, da die Abtheilung der Oberlande Ende des Jahres 1842 einem neuernannten Residenten von Tapanuli unterstellt wurde, der im Jahre 1843 auch das Natargebiet unter sich bekam[2]

---

[1] Lange II p. 385.

[2] Die Battagebiete waren also im Jahre 1843 administrativ folgendermaassen vertheilt:

1. Die Oberlande als Abtheilung Mandheling und Angkola.

2. Die Lande am oberen Natarfluss zugetheilt der Verwaltung von Natar, die in der Hauptsache mit den Malaiischen Küstenstaaten zu thun hatte.

3. Die Lande westlich von Lubu Raja und an der Tapanuli-Bai zugetheilt der Verwaltung von Pontjang (bald darauf Siboga, siehe de Waal p. 84), welcher zugleich die Kontrollbezirke Baros, Singkel und Gunong Sitoli auf Nias unterstanden: alle zusammen die Abtheilung Tapanuli bildend, de Waal p. 75.

Der in Pontjang (Siboga) residirende Beamte zugleich Vertreter des Gouverneurs von Padang, mit dem Titel Resident.

und nun anordnete, dass der Kaffee in Natar resp. Pontjang zu Kauf angeboten werden sollte.[1]

Auf den uns bekannten beschwerlichen Wegen hatten also die Battas ihr Product zur Küste zu schleppen. Fürwahr, ein hoher Preis hätte dazu gehört, um ihnen diese Arbeit verlockend erscheinen zu lassen und ein gänzlicher Misserfolg konnte nicht ausbleiben, wenn die Preise niedrig bemessen waren.

Dieses war aber der Fall, und als die Leute das merkten und sahen, dass der Erlös ihres Productes nicht einmal die Unterhaltskosten während der mühevollen Reise deckte, da kam der eine, sein Product dem Beamten zum Geschenk anzubieten, andere, kühnere, vergruben es in aller Stille.[2] Und die Beamten? Sie schimpften auf die undankbaren Battas.[3]

Mit den verfügbaren Mitteln war es nicht gelungen, die Battas innerhalb dreier Jahre zu einem kaffeebauenden und handeltreibenden Volke zu erziehen.

Unter den gegebenen Verhältnissen liess sich auch fürs erste eine günstige Wendung nicht erwarten. Es war klar: man muthete den Battas zu viel zu. So wurde denn im Anfang des Jahres 1845 das Regierungsprogramm modificirt:

Gelegenheit zum Verkauf des Kaffees wird im Inlande selbst geboten. Der Transport nach der Küste soll durch Lastthiere bewerkstelligt werden. So lange freilich der Zustand der Wege das noch unmöglich macht, sollen die Kulturpflichtigen zum Transport nach der Küste aufgerufen werden, wobei ihnen ein genügender Lohn zugesichert wird.[4]

Diese neuen Bestimmungen schienen eine Wendung

Der Gouverneur von Padang stand direct unter der Oberverwaltung zu Batavia.

[1] Godon p. 9, 10.

[2] Willer p. 383.

[3] Kessel p. 58.

[4] Willer p. 384.

zum Besseren zu gewährleisten, besonders da es gelungen war, den Weg von Penjabungan nach Natar von 8 auf 6 Etappen abzukürzen, wobei es noch möglich war, von Penjabungan nach Tanah Batu eine Karre, und von Tapus nach Natar einen Kahn zu benutzen.[1] Es kam aber vor Allem darauf an, wie die Mittel zur Ausführung der Bestimmungen bemessen wurden.

Dass dies mit übertriebener Sparsamkeit geschah, hatte zur nothwendigen Folge, dass die Lage der Battas noch unerträglicher wurde, als sie zu Anfang gewesen war und damit, dass sich die Kaffeekultur bei ihnen nicht einzubürgern vermochte.

Dies will ich im Folgenden zu zeigen versuchen.

Die Orte, an welchen Gelegenheit zum Verkaufe des Produktes geboten wurde,[2] waren von den entfernter gelegenen Dörfern der Distrikte bis zu sieben deutsche Meilen[3] und mehr getrennt, so dass nur für die nahe Wohnenden aus dem Einkauf im Binnenlande selbst wesentlicher Vortheil erwuchs. Dieser Vortheil wurde aber noch dadurch geschmälert, dass bloss einmal im Jahre dem Bauer der Verkauf seines Produktes ermöglicht wurde[4] — während er das ganze Jahr hindurch reife Kaffeebeeren zu pflücken im Stande war.

Als Preis für den Pikul (125 Pfund) Kaffee waren vom Residenten 5, 6 und 7 Kupfergulden[5] festgestellt worden. Diese Preisdifferenz schien eine Ermuthigung zu sorgfältigem Pflücken reifer Beeren in sich zu schliessen. Das war aber bloss Schein. Eine Zusatzbestimmung nämlich besagte, dass der Pikul im Durchschnitt nicht mehr als 6

---

[1] Willer p. 384.

[2] Für Angkola und Sipirok an dem Sitz des Kontrolleurs, Padang-Sidempuan, für Gross-Mandheling in Tanah Batu, für Klein-Mandheling, Ulu und Pakanten in Kotta-Nopan, s. Godon p. 10, 11.

[3] Man rechnet dort nach Sumatra-Palen = der englischen Seemeile = 1/4 deutsche Meile.

[4] Godon p. 14.

[5] Ein Kupfergulden von 100 Duits = fl. 0,83 Silber = Rm. 1,40, s. Godon p. 13.

Kupfergulden sollte kosten dürfen, wodurch von selbst die erzieherische Seite der Preisdifferenz fortfiel.[1]

Bei dem Transport nach der Küste wurde dem requirirten Bauer die Kost nur für die Tage vergütet, an denen er seine Last schleppte, für die übrige Zeit, die er unterwegs war, bekam er keine Entschädigung.[2]

Dazu kam noch der Umstand, dass der Batta nicht im Stande war, so viel zu tragen, als wie man ihm zumuthete.

Die Folge war, dass sich nicht zwei, sondern drei in die Summe von 60 Duits oder 85 Pfennigen theilten, die pro Pikul und pro Etappe vom Residenten festgestellt war,[3] und dass der requirirte Bauer, der vielleicht 7 deutsche Meilen von Tanah Batu abseits wohnte, im Ganzen nur 4 Mal 20 = 80 Duits oder 1,13 Mark für die Reise nach Tapus empfing.[4]

Die Neuerung wurde denn auch gleich so eingeführt, dass man sich nicht auf das für die Bevölkerung Verlockende der Propositionen verliess. Der Beamte schätzte den zu erwartenden Betrag im voraus und den Häuptern wurden 22 % vom Preise des durch ihre Bemühungen zusammengebrachten Kaffees zugesichert. Es blieben dem Pflanzer also nur 6½ Mark pro Pikul, falls sein Haupt ihm das auszuzahlen beliebte, denn der Preis wurde an das Haupt bezahlt, nicht an den Bauer selbst.[5]

Der die Einkäufe besorgende javanische Packhausmeister sorgte freilich gleich dafür, dass die Häupter nicht zu grossen Vortheil aus dieser Vergünstigung zogen. Er hielt sich an den im voraus festgesetzten Ertrag und zahlte den Häuptern, die darüber hinaus Kaffee anboten, nur eine der festgesetzten Quantität entsprechende Summe aus. Das

---

1 Goden p. 10.

2 Goden p. 11.

3 Zu den 41⅔ Pfund Kaffee, die der Eingeborene also zu tragen hatte, kamen noch das Gewicht der Emballage und 10 Pfund Reis, deren er während der Reise bedurfte; zusammen eine Fracht von 52 Pfund. Godon p. 12.

4 Godon p. 11, 12.

5 Godon p. 10, 11.

überschüssige Produkt behielt er für sich, um es andern Häuptern zu verkaufen, die ihr Quantum nicht hatten zusammenbringen können.[1]

Wie wenig vortheilhaft das ganze Geschäft für den Bauer war, tritt zu Tage, wenn man den für eine Ernte und den Transport derselben gezahlten Preis dividirt durch die Menge der Tage, die im Durchschnitt der Bauer durch das Kaffeetragen, erst zum Packhaus und dann zur Küste, verlor. Es ergiebt sich da, dass das für das Produkt und den Transport desselben empfangene Geld einem Lohn von 15 holländischen Centen oder 26 Pfennigen für jeden auf der Reise verbrachten Tag gleichkommt, einer Summe, die um noch 16 Pfennige kleiner ist als der nur für die täglichen Unterhaltungskosten berechnete Frohnlohn.[2]

Aber das Geschäft war für den Batta nicht nur nicht vortheilhaft, sondern noch dazu Ursache gesteigerter Unterdrückung. Die Häupter, die für sich und die von ihnen begünstigten Familien Befreiung vom Kuliedienst beanspruchten, hielten sich bei den übrigen Familien um so strenger an die Verpflichtung, Kulies zu stellen. Wittwen wurden genöthigt, Gelder zur Besorgung des Transports zur Verfügung zu stellen. Kranke, Schwache, gar Kinder von unter 10 Jahren wurden zu dieser Arbeit herangezogen.

Machte man den Häuptern Vorstellungen über die Heranziehung Kranker zum Transportdienst, so wiesen sie darauf hin, dass sich wohl die meisten krank stellen würden, wenn man Krankheits halber Ausnahmen zulassen wollte.[3]

Nach dem Programm der Regierung sollte aber dieser Zustand, wobei der Transport noch durch Kulies bewerkstelligt wurde, nur ein Uebergangsstadium sein. In Aussicht stand der Kaffeetransport durch Lastthiere. Aber diese Aussicht rückte niemals näher, denn alle Versuche, welche mit Tragpferden und Stieren angestellt wurden, misslangen.[4] Die

[1] Godon.
[2] Godon p. 13.
[3] Godon p. 12.
[4] Godon p. 11.

Bevölkerung hatte daher nur Schaden von der schönen Aussicht, denn selbstverständlich bezahlte die sparsame Regierung die Kosten der Versuche nicht, wie das van den Bosch in Aussicht gestellt hatte, aus ihrer Tasche, sondern zog sie den Bauern vom Kaffeepreise ab. Und dabei wunderten sich die Beamten noch, dass der Batta nicht arbeiten wollte.

Der durch seine Studien über das battasche Gewohnheitsrecht so verdiente Willer, der vom Jahre 1843—45 Assistent-Resident war und im übrigen die tieferen Ursachen der battaschen Faulheit sehr gut kannte, schreibt voll Entrüstung das Folgende: [1]

„Zu träge, um sich einige Stunden mässig anzustrengen, sieht der Batta jede Kuliefracht, die man ihm auferlegt, als ein wahrhaftes Unglück an. Aber er weiss sich zu helfen. Er hat eine regelrechte Agiotage eingerichtet, die oft mit dem Würfelspiele in Verbindung steht. Hat er Glück gehabt oder besitzt er sonst einen Sparpfennig, so kauft er sich frei durch Zahlung des zugesicherten Lohnes und das zwei- bis sechsfache des Betrages dazu. Besitzt er nichts, dann verpfändet er leichten Herzens seine Blutsverwandten, um wenigstens sich die Ermüdung zu sparen."

Bei dem Kulturzustande, in dem der Batta sich zur Zeit der Ankunft der Holländer befand, muss diese Reaction gegen die Anforderungen der Regierung wenig wunderbar erscheinen. Sehr begreiflich scheint es auch, wenn der junge Batta sich wohl zu bedenken anfing, bevor er einen eigenen Hausstand gründete, da nur die Haushaltungen, nicht die Einzelstehenden für die Kaffeekultur eingeschrieben waren. [2]

Wenn die Regierung aus ihrem Auftreten wenigstens Vortheile gezogen hätte, die zu den der Bevölkerung bereiteten Mühsalen im Verhältniss standen! Aber das verhinderte einfach die Thatsache, dass nur eine beschränkte Menge Kaffee von der Bevölkerung transportirt werden konnte. [3]

---

[1] Willer p. 269.
[2] Godon p. 13.
[3] Willer p. 384.

Dazu kam noch, dass man bei der Ausbreitung der Kultur nach wie vor die Plätze mit wenig Geschick auswählte und neue technische Fehler beging. Der Pisang wurde zwar bald nicht mehr als Schattenbaum verwendet, aber an Stelle dessen der Djior benutzt,[1] der sich ebenfalls dem Kaffeebaum schädlich zeigte.[2]

Im Jahre 1848 wurden denn auch von 2 300 000 Kaffeebäumen nur 5200 Pikul oder 6500 Centner geerntet,[3] das macht 125 Pfund von 400 Bäumen, während im allgemeinen der Ertrag in den Regierungsgärten auf Java auf 125 Pfund von 300 Bäumen gerechnet wird.[4]

Mandheling kam auch bald in den Ruf, für die Kaffeekultur durchaus unbrauchbar zu sein[5] und unter der Hand versuchte man es vom Jahre 1845 an mit der Kultur des Indigo.[6]

Aber mittlerweile erweiterte sich mehr und mehr die Kluft zwischen Herrschern und Beherrschten.

Weit entfernt, dass die Bevölkerung den Belehrungen der holländischen Beamten vertrauensvoll folgte, setzte sie denselben verstockte Unempfindlichkeit entgegen, auch wo die Regierung ihr wirkliche Wohlthaten zudachte.

Willer klagt:[7] „Zu träge um den Pflug, ja gar um die Hacke zu gebrauchen, die ihm in die Hand gegeben werden, lässt der Batta sich muthwillig den Nutzen entgehen, den diese Werkzeuge ihm schaffen könnten und zieht sich scharfen Tadel zu. Immer aber hat er eine Ausrede, um seine Faulheit zu verdecken: dass man bestimmt habe, der Pflug solle von ihm selbst, nicht von seiner Frau gehandhabt werden, und: die Hacke verursache unmässige Bewegung."

Die Häupter, wenngleich durch die ganze Anordnung

---

[1] Willer p. 383.
[2] Godon p. 16.
[3] Godon p. 13.
[4] van Alphen p. 121.
[5] Godon in N. R. C. 1886 30. Januar.
[6] Willer p. 384.
[7] p. 268.

der Kaffeekultur die natürlichen Verbündeten der holländischen Regierung, standen doch im letzten Ende ihren Unterthanen näher als der Regierung.

Wohl liessen sie sich als Lohn für ihre Dienste die Nachsicht der Beamten bei der Verfolgung ihrer eigenen Interessen gern gefallen, auch suchten sie so viel wie möglich eine Gesundung der wirthschaftlichen Verhältnisse im Interesse der Bevölkerung zu hintertreiben, aber schliesslich hatte doch ihre Macht eine Grenze, wenn die Geduld des Volkes erschöpft war.

Unter diesen Umständen musste das Festhalten der Regierung an den für die Bevölkerung peinlichen Bestimmungen der Kaffeekultur zu einer allgemeinen Gährung führen, und es bedurfte nur eines Anlasses, damit das allgemeine Misstrauen gegen den fremden Herrscher zum Durchbruch gelangte.

Diese Veranlassung bot im Jahre 1847 die Einführung des Impfzwanges: eine Maassregel, die im Hinblick auf die in jenen Theilen häufigen Epidemieen von wohlthätigstem Einfluss sein musste.

Um den Impfstoff, der nach dem Küstenplatz Natar gebracht war, nach Mandheling überzuführen, liess man von dort Kinder kommen.

Die Bevölkerung wollte in ihrer Angst kein Kind hergeben und stellte schliesslich Sklavenkinder zur Verfügung, wofür sie 90—150 Gulden zahlte, als ob es ein Menschenopfer gegolten hätte.

Als es nachher im Inlande selbst ans Impfen gehen sollte, glaubte die Bevölkerung von Mandheling nicht anders, als dass die Regierung die seit 1847 geborenen Kinder brandmarken wolle, um sie nachher wegzuführen.[1]

In Mandheling wurde die Sache damit beigelegt, dass der Jangdipertuan so vernünftig war, seine Kinder impfen zu lassen, worauf die andern nachfolgten.

---

[1] Die Regierung hatte nämlich zur selben Zeit den Befehl gegeben, die Kaffeesäcke nicht mehr aus Stroh, sondern aus Baumrinde (also stärkerem Material) zu bereiten, s. Godon p. 25.

In Sipirok aber erreichte die Gährung aus Anlass der Einführung des Impfzwanges einen solchen Grad, dass die Bevölkerung sich offen gegen die Regierung erhob, was eine blutige Rache zur Folge hatte.

Nun spielte gewiss wohl bei dieser Erhebung gegen die Einführung des Impfzwangs abergläubische Furcht eine grosse Rolle.[1] Dass aber der Keim des Misstrauens in der Art gelegen war, wie die Regierung die Kaffeekultur betrieb, das zeigte sich in der bald darauf erfolgenden Erhebung gegen das Kaffeetragen selbst.

Im Sommer 1849 nämlich, als der neuangekommene Assistent-Resident (es war der sechste seit 1841), eine Menge Kulies requirirte zum Transport der Ernten von 1847 und 48, da erklärten die zu Penjabungan versammelten Häupter der Abtheilung, dass sie zwar gerne bereit wären, der Regierung das Kaffeeprodukt an den Packhäusern zu schenken, aber dass sie nicht länger für die Ruhe unter der Bevölkerung einstehen könnten, falls die Regierung fortführe, massenweise Kulies zum Kaffeetransport zu requiriren.[2]

Mit dieser Erklärung hätte das ganze Interesse der holländischen Regierung an diesen Landen schwinden müssen, wenn nicht der neue Assistent-Resident, A. P. Godon, ein Mann gewesen wäre, der vermöge seiner persönlichen Eigenschaften der Lage gewachsen war, und wenn dieser Mann nicht in dem seit 1847 fungirenden Gouverneur von Sumatras Westküste, dem General van Swieten, eine kräftige Stütze gefunden hätte.[3]

B. Die glückliche Einführung der Kaffeekultur.

Godon erkannte unbefangenen Auges die Sachlage:

Seine Vorgänger hatten, mit geringen Mitteln von der Regierung ausgestattet, zu Zwangsmaassregeln ihre Zuflucht genommen. Selbst ohne die erforderlichen technischen und praktischen Kenntnisse hatten sie, unbekümmert um den Zu-

---

[1] Godon p. 25.

[2] Godon p. 13 u. 14.

[3] Godon p. 4.

stand des Volkes, mit Hülfe der Häupter die Pläne der Regierung durchzusetzen gesucht.

Unter solchen Verhältnissen konnte das Resultat nicht wunderbar erscheinen.

Mit dem freudigen Eifer eines seiner Kraft und Ueberlegenheit bewussten Mannes machte sich daher Godon daran, die Scharten auszuwetzen und die Pläne der Regierung zur Durchführung zu bringen.

Der genannte Gouverneur liess ihm dabei freies Spiel.

Als ihm denn die Häupter die obenerwähnte Erklärung abgaben, erklärte er ihnen, dass ihre Beschwerde gerecht sei, und dass es anders werden solle. [1]

Aber wie konnte er das versprechen? Stellte ihm die Regierung neue Mittel zur Verfügung?

Keineswegs.

Fürs erste bestanden Godons Hülfsmittel bloss aus den für jeden von der Bevölkerung gelieferten Pikul ausgesetzten sechs Kupfergulden und aus den 60 Duits für den Transport jedes Pikuls pro Etappe.

Nicht neue Hülfsmittel brachte er mit zur Lösung der Schwierigkeiten, sondern eine neue Art, die Battas zu behandeln.

Er wusste den Battas neues Vertrauen einzuflössen in die Ziele der holländischen Regierung und verstand es, die Häupter zu Bundesgenossen zu gewinnen für seine mit ganzer Hingebung aufgefasste Arbeit.

„Seht, sagte er zu ihnen, die holländische Regierung ist hier, um von Euch Kaffee zu kaufen. Das ist bisher für Euch sehr lästig gewesen. Wenn Ihr mir aber helft, die Ursachen aus der Welt zu schaffen, die sie Euch so lästig machten, wird die Kaffeelieferung für Euer Land bald eine Quelle der Wohlfahrt geworden sein.“

Und die Häupter, überzeugt, dass der grosse Herr es ernst meine, sagten ihm ihre Unterstützung zu: um dem Vorgesetzten in der Anschaffung der nothwendigen Verkehrsmittel behülflich zu sein, verzichteten sie gleich auf sein Er-

---

[1] Godon p. 15.

suchen für ein Jahr auf die Procente, die sie bisher von jedem Pikul Kaffee bezogen hatten.[1]

Zur selben Zeit hatte das Versprechen, dass hinfort keine Kuliedienste zum Transport nach der Küste gefordert werden sollten, bei der Bevölkerung die Wirkung, dass die nöthige Mannschaft zusammen kam, um die Ernten von 1847 und 48 zum Meere zu schaffen; die Ernte des Jahres 1850 wurde ohne Vermittlung der Häupter in kleinen Quantitäten nach den Packhäusern gebracht; ja hier liess sich die Bevölkerung sogar 100 Duits vom Preise des Pikuls abziehen, um dem Beamten eine ausreichende Bezahlung der Kulies für die Zeit des provisorischen Transports nach der Küste möglich zu machen.[2]

Was war nun zu thun, um das Versprechen halten und die Kaffeekultur bei der Bevölkerung einbürgern zu können?

Erstens bedurfte es der definitiven Ueberwindung der Transportschwierigkeiten.

Zweitens waren nöthig: technische Verbesserungen in der Kultur des Kaffees,[3] um der Bevölkerung für ihre Arbeit den grösstmöglichen Vortheil zu versichern, und weiter: Vermehrung der Einkaufsstellen im Inlande, sodass die Kaffeebohnen sozusagen Geldwerth für den kleinen Mann bekamen. Er konnte ja, wie oben schon hervorgehoben wurde, während des ganzen Jahres pflücken. Konnte er nun kleine Quantitäten in der Nähe seines Dorfes absetzen, so musste er sich daran gewöhnen, den Kaffeebau als ein bequemes Mittel anzusehen, Kurrentmünze zu bekommen.

Bei der Darstellung einer Längenverbindung zwischen den einzelnen Distrikten der Abtheilung und der Herstellung von Fahrwegen aus Mandheling und Angkola nach der Westküste kamen nunmehr die Arbeiten der Vorgänger sehr zu statten.[4] Aber es war noch vieles zu thun und vorzüglich

---

[1] Godon.

[2] Godon p. 15.

[3] Godon p. 16.

[4] Siehe Karte Taf. II. Eine Strecke Karrenweges gab es von Penjabungan zum Ufer des Gadis und vom jenseitigen Ufer nach Tanah Batu, Godon p. 9. Ueber den Fluss führte eine Brücke aus Rottan.

stand die Durchführung der schwersten Aufgabe noch aus: nämlich die Herstellung eines für Karren brauchbaren Weges von Tanah Batu nach Tapus.

Es ist belehrend zu sehen, wie Godon dieses Werk fertig brachte.

Im Jahre 1849 noch[1] gelang es ihm, die Häupter zu überzeugen, dass eine einmalige Kraftanstrengung das einzige Mittel sei, um den genannten Weg für Transporte brauchbar zu machen. Nachdem er dann mit ihnen die nöthigen Maassregeln verabredet hatte, schlug er dem Gouverneur van Swieten vor, das Gebiet des Natarflusses, das bislang zur Abtheilung Natar gehört hatte, der Unterabtheilung Mandheling zuzufügen. Dieser ging darauf ein, und nun nahm Godon die Statistik von Mandheling zur Hand und wies aus jedem Dorf ein Drittel der arbeitsfähigen Mannschaft zur Arbeit an dem Wege an, wodurch er 2650 Arbeiter zur Verfügung bekam. Als Oberaufseher stellte er den Jangdipertuan von Mandheling an, über je 500 Mann ein Kuriahaupt, über je 100 Mann ein Dorfhaupt, und über je 25 ein Mitglied der Dorfverwaltung. Polizeidiener, in-

---

An Stelle dieser liess Godon schon 1848 eine starke hölzerne Jochbrücke bauen. G. p. 14.

Dann gab es noch einen breiten Weg von Kotta Nopan über Raru nach Tanah Batu.

Alle anderen Verbindungswege waren schlecht oder höchstens für Reiter und Fussgänger brauchbar.

Unter Godons Leitung, von 1848—57, kam nun im Laufe der Zeit eine Längenverbindung durch Fahrwege zu Stande aus der Ulu nach Kotta Nopan (16 palen).

Penjabungan wurde durch eine Fahrstrasse (20 palen) mit Si Epping auf der Passhöhe nach Angkola zu verbunden (G. p. 17).

Seitenwege wurden in Mandheling für Karren eingerichtet von Baringin nach Penjabungan und von Menambing nach Tolang.

In der Unterabtheilung Angkola, wo man bei Godons Ankunft beschäftigt war, einen Karrenweg von Padang Sidempuan nach Batangtoru zu machen (17 palen), (Godon p. 8), wurde ein neuer Karrenweg von 16 palen angelegt von Sipirok nach Padang Sidempuan. Godon p. 17.

[2] Godon p. 14.

ländische Schreiber oder Aufseher wurden gar nicht angewandt, wie früher bei Arbeiten an den Wegen, nur sah Godon gewöhnlich zwei oder dreimal in der Woche persönlich nach, und so erreichte er, dass ihm kostenlos und in einem Zeitraum von 180 Arbeitstagen[1] ein Weg hergestellt wurde, der von einer Höhe von 500 Fuss aus über einen Bergpass von 4000 Fuss führte, und durch ein Terrain, das zum grössten Theil aus Trachytmassen und Kalksteinfelsen, Feldspath und porphyrartigem Gestein bestand.

Damit war aber noch keine bequeme Handelsstrasse geschaffen. Es war bloss die Benutzung von Karren möglich gemacht. Die Strecke von Mandheling bis auf die Passhöhe war dazu für Karren zu steil.

Es war also ausser der Weganlage die Ausrüstung eines eigens für diesen Weg berechneten Transportmaterials an Tragpferden, Karren, Zugthieren und Treibern erforderlich. Ausserdem musste noch an vielen Stellen am Wege Futtergras für das Zugvieh gepflanzt werden.

Diese Arbeiten nahmen längere Zeit in Anspruch und erst im Jahre 1853 konnte der Transport mit den neuen Verkehrsmitteln bewerkstelligt werden.[2] Aber was in den früheren Jahren vergebens angestrebt war, war nun doch gelungen und zwar mit Hülfe der Bevölkerung, die sich 100 Duits vom Pikul für den provisorischen Transport hatte abziehen lassen und der Häupter, die für ein Jahr auf ihre Kaffeeprocente verzichtet hatten.

Als Alles im schönsten Gange war, da fand sich auch ein Unternehmer, der der Verwaltung von Mandheling das ganze Material abkaufte, wodurch Godon das in demselben angelegte Geld wieder zur Verfügung bekam. Er bestimmte

---

[1] Siehe Godon p. 14. Abgezogen sind die auf die Bebauung der Reisfelder, auf das Besorgen und Schneiden des Reises verwandten Arbeitstage.

Die Regierung lieferte nur einige Werkzeuge.

[2] Godon p. 15.

dasselbe als Fond zur Anlage gemeinnütziger Werke, besonders steinerner Brücken.[1]

In den Jahren, in denen die Transporteinrichtung vorbereitet wurde, liess Godon den Transport zur Küste durch freie Leute besorgen, die sich für genügenden Lohn in gewünschter Menge fanden, wie sich auch aus freien Stücken Leute als Karrentreiber anboten.[2]

Im nördlichen Theile fand sich ein chinesischer Unternehmer, der das erforderliche Transportmaterial für den Transport des Kaffees aus Angkola und Sipirok nach dem Lumutfluss besorgte.[3] Der Weg war freilich auch hier äusserst beschwerlich, und Godon ersuchte die Regierung Ende der 50er Jahre um Unterstellung auch des Batang-toru Gebietes bis zum Lumut unter seine Verwaltung; nachdem dies 1857 geschehen,[4] sandte er einen Plan für eine feste Brücke über den Batang-toru ein,[5] über dessen Schicksal weiter unten die Rede sein wird.

Um die Kaffeekultur vortheilhafter für die Bevölkerung zu gestalten, beseitigte er zunächst die Gärten auf ungünstigem Terrain. Im Januar 1850 wurden stark $1^1/_2$ Millionen Kaffeebäume, die wenig oder keine Frucht mehr abwarfen, abgeschrieben und durch neue Anpflanzungen ersetzt.[6]

Diese wurden so viel wie möglich an den kühleren Berghängen angelegt[7] und vorzugsweise auf Allangboden,[8] den man bisher wegen der scheinbaren Unausrottbarkeit des tiefwurzelnden Allanggrases vermieden hatte. Den Allang

---

1 Godon.

2 Godon p. 15, 16.

3 Godon p. 17.

4 Diese Anordnung ist desshalb nicht in die Karte Taf. II aufgenommen, weil sie später wieder aufgehoben wurde, vergl. Ind. Staatsblad 1863 Nr. 45.

5 Godon p. 17.

6 Siehe Godon p. 16. Die ältesten Bäume standen also erst neun Jahre. Im Allgemeinen hält sich der Kaffeebaum 12 Jahre gut. Siehe Leunis p. 770.

7 Godon p. 16.

8 Nach Junghuhn I p. 154 gewöhnlich früherer Waldboden.

rottete Godon aus, indem er die Halme abschnitt und sie über den Wurzeln niederlegte, sodass diese verdorrten.

Bei der Anlage der neuen Gärten zeigte er der Bevölkerung zugleich eine verbesserte Pflanzmethode. Im Schatten von Dadapbäumen wurden verschiedene Kaffeebohnen zugleich, nicht, wie bisher, Pflänzchen eingesetzt. Die stärksten Schösslinge liess er nachher stehen. Die anderen wurden entfernt.

So gelangten die Battas zu einer guten Technik in der Auswahl der Plätze und in der Anlage der Pflanzungen.

Die Ueberwachung der Arbeit in den Gärten: dass jede Familie ihre 350 Bäume reinhielt, ergänzte und die Frucht in gut reifem Zustande pflückte, überliess Godon von den Dorfbewohnern selbst gewählten Aufsehern. [1]

Um den Verkauf des Kaffees zu erleichtern, baute Godon kleine Hülfspackhäuser [2] in Sipirok für die Leute des Plateaus und in Si Galangan für die Leute von Unter-Angkola. Die von Ober-Angkola brachten ihren Kaffee nach wie vor nach ihrem Mittelpunkt, Padang Sidempuan.

In Mandheling wurden ausser den alten Packhäusern zu Tanah Batu und Kotta Nopan [3] drei Einkaufsstellen in Gross-Mandheling, zwei in Klein-Mandheling gebaut. In der Ulu wurde das alte Etablissement von Penjanghai nach Muara Sipongi verlegt und hier auch ein Kaffee-Packhaus errichtet. [4]

Das Packhaus von Tanah Batu, von wo ab der Weg nach Natar führte, wurde bedeutend vergrössert, so dass es als Stapelplatz für den Kaffee aus ganz Mandheling dienen konnte. [5]

So waren die Vorbedingungen geschaffen, um dem Volke

---

[1] Godon.

[2] Godon p. 17.

[3] Siehe Karte Taf. II. In Gross-Mandheling von Norden nach Süden zu Siabu, Penjabungan und Baringin.

In Klein-Mandheling zu Raru und Tolang, s. Godon p. 17.

[4] Godon p. 16.

[5] Godon p. 14.

die Kaffeekultur vortheilhaft erscheinen zu lassen, und diese Veränderuug wurde äusserlich dadurch zu erkennen gegeben, dass die Pforten an den Gärten wegfielen und, wo es eben anging, auch die Umzäunungen, die auf obrigkeitliche Ueberwachung hindeuteten.[1]

Im Bunde mit der Bevölkerung hatte also Godon das Ziel erreicht, das ihm die Regierung gesteckt hatte, und ohne dass die Regierung einen Cent hätte zu bewilligen brauchen.

Zur gehörigen Ausnutzung des Erreichten freilich konnte Godon neuer Summen nicht entbehren, und sie wurden ihm auch zur Verfügung gestellt.

Zunächst musste das Personal für die Kaffee-Einkäufe vermehrt werden. Ein Europäer wurde mit der Leitung des Central-Packhauses zu Tanah Batu betraut. An den Packhäusern zu Penjabungan, Kotta Nopan, Muara Sipongi und Padang Sidempuan wurden Inländer als Packhausmeister angestellt mit Besoldungen von 20 à 25 Gulden monatlich.[2]

Diese Vermehrung des Verwaltungspersonals gab Anlass zur Errichtung von Schulen, wodurch man junge Battas zu Gehülfen[3] heranzuziehen gedachte, während man bisher gezwungen gewesen war, Malaien zu verwenden, und worin man zugleich ein gutes Mittel sah, die Söhne der Häupter für ihren künftigen Beruf vorzubereiten.[4]

Im Jahre 1851 wurde eine Schule zu Penjabungan errichtet. 1857 gab es ausserdem Schulen in Muara Sipongi, Kotta Nopan und Padang Sidempuan. Es wurde dort gelehrt: Lesen und Schreiben des Malaiischen, welches die Holländer als Regierungssprache benutzten, Rechnen bis zur Regel-de-Tri, Anfänge der Geographie, besonders des indischen Archipels. Moralische Erzählungen wurden verlesen und die allerersten Anfänge der Volkswirthschaft behandelt.

---

[1] Godon p. 16.
[2] Godon p. 17.
[3] Als Packhausmeister, Aufseher, Schreiber.
[4] Godon p. 23.

Eine weitere Steigerung der Ausgaben forderte und erlangte Godon zur Instandhaltung der Transportwege zur Küste. Die Bevölkerung, die an denselben wohnte, konnte sie unmöglich allein in gutem Stande halten. Zwar wusste Godon die zerstreut wohnende Bevölkerung am Wege nach Natar den Zwecken der Regierung dadurch dienstbar zu machen, dass er sie zwang in Dörfer zusammenzuziehen und dass er sie unter die Aufsicht eines Aufsehers stellte,[1] aber bald sah er doch, dass Anstellung fester Arbeiter durchaus nöthig sei. Für den Weg nach Natar erreichte er von der Regierung im Jahre 1855 eine Mehrausgabe von 11000 Gulden.[2] Später gewährte die Regierung für denselben Zweck am Angkolaweg eine Mehrausgabe von 9740 Gulden.[3]

So war es gelungen, die Battadistrikte in den Wirthschaftsplan der holländischen Regierung auf Sumatra einzufügen.

Die Bevölkerung pflanzte und erntete unter der Kontrolle selbstgewählter Aufseher ihren Kaffee und brachte ihn in das nächstgelegene Packhaus, wo der Packhausmeister der Landschaft zu bestimmten Zeiten die Einkäufe besorgte und jede Quantität honorirte, die ihm dargeboten wurde. Seit dem Jahre 1856, wo der Kaffeepreis auf fl. 8,40 erhöht

---

[1] Es wurde oben angegeben, dass die Regierung 1840 zur Verwaltung der oberen Distrikte einen Assistent-Residenten für Mandheling, einen Kontrolleur für Ulu und Pakanten, einen zweiten für Angkola und Sipirok zur Verfügung gestellt hatte.

Im Laufe der Zeit hatte sich die Verwaltung folgendermassen gestaltet: vergl. Pruys p. 41. Unter-Abtheilung Gross-Mandheling: Assistent-Resident mit dem Sitz in Penjabungan. „Opzigter" 1. Klasse für die Oberlande von Natar, Sitz zu Muara Sama.

Unter-Abtheilung Klein-Mandheling, Ulu und Pakanten: Kontrolleur 3. Klasse, Sitz zu Kotta Nopan. „Opzigter" 1. Klasse für Ulu und Pakanten, Sitz zu Muara Sipongi.

Unter-Abtheilung Angkola und Sipirok: Kontrolleur 2. Klasse, Sitz zu Padang-Sidempuan. Ein „Opziener" für Sipirok.

Opzigter und Opziener, beides so viel wie Aufseher, sind Beamte (gewöhnlich Mischlinge, siehe Schreiber p. 39), die nicht durch ein Beamtenexamen qualificirt sind.

[2] Der einzelne Arbeiter erhielt fl. 10 monatlich, s. Godon p. 17.

[3] K. V. 1874.

wurde [1] (unter Beibehaltung der niedrigeren Preise von 6 und 7 Gulden für geringere Qualität), und wo die Procente der Häupter von 130 auf 60 Duits vom Pikul herabgesetzt wurden, [2] bezog der Bauer für $^1/_{20}$ Pikul, also etwas über 6 Pfund, schon 50 Duits oder 70 Pfennige.

Der in den Packhäusern gesammelte Kaffee wurde von den Stapelplätzen Tanah Batu und Padang Sidempuan von dem Transportunternehmer nach dem Bestimmungsorte Padang geschafft: und zwar per Karre nach Tapus resp. Lumut und per Sampang (Boot) nach den Verschiffungsplätzen Natar und Djaga-Djaga (an der Mündung des Lumutflusses in die Tapanuli-Bai).

Das regelmässige Einkommen der Battafamilien einerseits und die regelmässige Verbindung mit der Westküste andrerseits belebte natürlich die Einfuhr und den Verbrauch von Artikeln wie Salz, Leinwand und allen möglichen Waaren, die den Battas erstrebenswerth erschienen.

Godon berechnet, dass der Salzverbrauch in Mandheling, wo das Salz von Natar aus durch den Transportunternehmer eingeführt wurde, [3] in 10 Jahren um 84 % stieg. [4]

An Leinwand wurde bald die dreifache Menge verkauft. [5]

Als Ida Pfeiffer nach Sipirok kam, sah sie, wie nach dem Empfang des Geldes für den gelieferten Kaffee die Menge begierig die Waaren der Kleinhändler aufkaufte, welche nach Beendigung der Abrechnung eiligst ihre Tische aufschlugen. [6]

---

1 K. V. 1856.

2 Godon p. 15.

3 Die Regierung hatte an der Westküste Sumatras bis zur Insel Eli, s. Karte Taf. II, die Salzbereitung und Salzeinfuhr verboten und verkaufte das selbstbereitete Salz in Natar dem Transportunternehmer, der sich verpflichtete, es in den Kaffeepackhäusern in den Bergdistrikten für 8 Gulden den Pikul feilzubieten. Godon p. 17. Vgl. K. V. 1871 p. 212.

Nördlich von der Insel Eli war zwar auch die Salzbereitung verboten, aber Einfuhr von Madras-Salz gegen einen Zoll von fl. 1 den Pikul gestattet. de Stuers I p. 143, vergl. K. V. 1881 p. 206.

4 Godon p. 38.

5 Godon p. 39.

6 Ida Pfeiffer p. 230.

Stiegen so die Einnahmen der Regierung durch vermehrten Verschleiss ihres Salzes und durch Steigerung der Einfuhr an den Hafenplätzen überhaupt, so trat dieser Nutzen ganz in den Hintergrund gegen den, den ihr das Kaffee-Einkaufs-Monopol gewährte.

Stetig breitete sich die Kultur aus, und gute Behandlung der Bäume wie sorgfältiges Pflücken liessen das Produkt eines einzelnen Baumes auf durchschnittlich $1^1/_6$ Pfund steigen.

Die Ernte der Jahre 1857 ergab 28 000 Pikul Kaffeebohnen von 2 952 000 fruchttragenden Bäumen, an denen die Regierung nach Godons Berechnung etwa 14 fl. per Pikul verdiente, also fl. 392 000 im Ganzen.

THEIL III.

DIE STEUERFRAGE IN DEN BATTADISTRIKTEN UND DIE HOLLÄNDISCHE KOLONIALPOLITIK DER LETZTEN DREISSIG JAHRE.

Im zweiten Theile habe ich gezeigt, wie die Einführung der Kaffeekultur in den Battadistrikten für die holländische Regierung das Mittel wurde, um direkte Vortheile aus denselben zu ziehen.

Betrachten wir jetzt an der Hand der natürlichen Verhältnisse der Landschaften, ob die Kaffeekultur für alle Zeiten die Grundlage der Besteuerung bleiben konnte.

Da erheben sich gleich ernste Bedenken.

Im ersten Theile schon erwähnte ich, wie die Landschaften Ulu, Klein-Mandheling und Unter-Angkola, die Distrikte am Batang-Natar und -toru wenig für die Reiskultur auf nassen Feldern geeignet seien. Nahm die holländische Regierung auch alle Kraft zusammen, um in diesen Distrikten alles Land in Sawahs verwandeln zu lassen, was dafür heranzuziehen war, es blieben doch grosse Strecken übrig, wo ausschliesslich Ladangbau betrieben werden konnte, und wo die Bevölkerung immer spärlich bleiben musste.

So kamen für den Kaffeebau in der grossen Hauptsache nur die Gegenden in Betracht, welche den nassen Feldern nahe lagen und das war wichtig für die Regierung wegen der extensiven Natur des Kaffeebaues.

Der Kaffeebaum zieht nämlich während 10 oder mehr Jahren stets dieselben Bestandtheile aus dem Boden, und zwar auf mehr als die doppelte Tiefe, als das bei einjährigen Gewächsen der Fall ist. Jeder Boden, wo einmal Kaffee gestanden hat, ermangelt desshalb der nöthigen Voraussetzungen für das Gedeihen der Kultur. Hier kann man zwar durch Dünger nachhelfen, aber diese Hülfe reicht nicht aus, da der Dünger meist nur auf die Oberfläche wirkt. Fruchtwechsel und Brache genügen als Nachhülfe ebensowenig. Stets neue Plätze sind daher ein Haupterforderniss für die Kaffeekultur, soll sie gute Resultate aufweisen.[1]

Wurde die Kaffeekultur also lange Jahre hintereinander betrieben und immer auf neuem Boden gepflanzt, so musste mit der Zeit das Land in der Nähe der Dörfer erschöpft sein; die Gärten mussten sich immer weiter von den Dörfern entfernen, bis schliesslich eine Uebersiedlung der Bauern auf das Kaffeeland selbst nöthig wurde.

Die Wichtigkeit dieses Umstandes für die Ausnutzung der Distrikte durch die holländische Regierung liegt auf der Hand.

Eine weit ausschauende Regierung musste für die Zeit, wo die Kaffeeerträge schwinden würden, auf eine neue Art der Besteuerung hinarbeiten, und das konnte nur dadurch geschehen, dass man keine Mühe scheute, das Volk intellektuell und wirthschaftlich zu heben.

War aber ein solcher Process möglich ohne Schaden für das Einkaufsmonopol der Regierung?

Eine Uebersicht über die Resultate der Verwaltung Godons wird uns zeigen, dass diese Frage bejaht werden muss.

Godon hatte sich keine Illusionen gemacht betreffs der Arbeitslust der Battas einerseits und der Uneigennützigkeit der Häupter andererseits.

Er wusste, dass es nur Wenige in der grossen Menge der Battas gab, die Lust hätten zur Arbeit.

Er wusste ebenfalls, dass die Häupter die grössten Bedrücker der Bevölkerung seien.[2]

---

[1] van Alphen p. 105.

[2] Godon p. 40.

Bei der Einführung der Kaffeekultur hatte er mit diesen Thatsachen gerechnet.

Er hatte die Kultur für die grosse Masse so geregelt, dass sie ihr vortheilhaft erschien.

Er hatte denen, die arbeiten wollten, einen genügenden Taglohn geboten und hatte durch diese Regelung den Häuptern, die vor seiner Ankunft in dem Widerwillen der Bevölkerung gegen die von der Regierung geforderten Arbeiten eine gute Gelegenheit zu Erpressungen gefunden hatten, einen Rechtstitel auf Bedrückung des Volkes im Namen der holländischen Regierung entrissen.

Dadurch aber hatte er nicht bloss das Ziel erreicht, dass er die Kaffeekultur bei der Bevölkerung eingebürgert hatte, sondern er hatte damit auch die wirthschaftliche und gesellschaftliche Entwicklung in neue Bahnen geleitet.

Denn die geregelten Verdienste aus der Kaffeekultur mussten mit der Zeit eine Aufsicht beim Kaffeepflanzen unnöthig machen. Das reichliche Angebot gut gelohnter Arbeit musste ferner die Klasse der wirthschaftlich Tüchtigsten emporheben, so dass dieselbe noch einmal zum Ausgangspunkt gesunderer Zustände werden konnte.[1] Die grössere Unabhängigkeit der Verwaltung von den Häuptern ermöglichte schliesslich dem Beamten, Einfluss auf das intime Leben des Volkes zu gewinnen und organische Verbesserungen zu Stande zu bringen.

Das gute Resultat der Kaffeeernte von 1857 bezeugt schon die erzieherische Wirkung der Kaffeekultur auf die grosse Masse.

Der Umstand, dass sich für die Ziegeleien, Kalkbrennereien, Transporteinrichtungen, wie auch für den Unterhalt der Wege nach der Küste gegen genügende Belohnung freie Arbeiter unter den Battas fanden, beweist, dass sich die wirthschaftlich Tüchtigen schon zu regen begannen.[2]

Die Resultate endlich, die Godon durch strenge Kontrolle über die Häupter erreichte, waren geeignet, die schönsten

---

[1] Godon p. 46.
[2] Godon p. 39.

Hoffnungen auf fortschreitende wirthschaftliche und gesellschaftliche Hebung zu erwecken.

Betrachten wir diese Resultate etwas näher.

Als Godon die Abtheilung übernahm, war es mit dem Reisbau schlecht bestellt. Zwar hatte es die Verwaltung im Jahre 1842 durchgesetzt, dass die Bewässerung der Reisfelder zu einer und derselben Zeit geschahen, und dass auch die übrigen Arbeiten auf dem Reisfelde von Allen gleichzeitig vorgenommen wurden,[1] im Jahre 1844 hatte man auch in Klein-Mandheling die Häupter für eine Ausbreitung der Sawahkultur zu gewinnen gewusst,[2] aber in Angkola hatten die Häupter einer Ausbreitung der Reiskultur immer widerstrebt[3] und es gab noch viele Strecken in der ganzen Abtheilung, die für den nassen Reisbau zu gewinnen waren.

Godon benutzte nun seinen Einfluss über die Häupter, um ihnen Freude an der Ausbreitung der Reiskultur einzuflössen. In Klein-Mandheling wurde durch das Graben neuer Wasserleitungen das Sawahland so vermehrt, dass die Produktion um 25 % stieg. In der Ulu, am Batang Natar, in Angkola und auch in Gross-Mandheling wurde der Reiskultur eine starke Ausdehnung gegeben. Im Ganzen wurden in den neun Jahren von 1848 – 57 nicht weniger als 2000 Bouws = 1300 Hectare unbebauten Landes in Sawahs verwandelt.[4]

Da alles dies auf Grund von Berathungen mit den Distriktshäuptern geschah, so bekam unter holländischem Einfluss die battasche Distriktsverwaltung den Charakter einer Beschützerin der Reisarbeit.

Godon that Alles, um ihr den Charakter einer wirthschaftlichen Institution überhaupt aufzudrücken.

Das hiess aber nichts mehr und nichts weniger als den ganzen Geist der inländischen Verwaltung verändern.

Denn die Häupter — zumal die von Mandheling — gefielen sich ausserordentlich in der Niederhaltung der per-

[1] Willer p. 371.
[2] Willer p. 374.
[3] Godon p. 7.
[4] Godon 22.

sönlichen Freiheit des kleinen Mannes und in der Monopolisirung des Kleinhandels.[1]

Da galt es mit der ganzen Entschiedenheit ihrem selbstsüchtigen Gebahren gegenüberzutreten und ihnen zu Gemüthe zu führen, dass ihr eigenes Wohl eng mit dem Wohle ihrer Unterthanen verknüpft sei.

Und das glückte dem Beamten. Die meisten Häupter liessen sich bewegen, ihre Handelsmonopole fallen zu lassen, fremde Händler wurden mit Mandhelingern gleichgestellt und Markthallen wurden errichtet zu Padang-Sidempuan, Siabu, Tanah Batu, Raru und Muara Sipongi.[2]

Nach Rücksprache mit den Häuptern wurde auch eine gründliche Reinigung und Neuanlage der Mandheling'schen Dörfer vorgenommen:[3] bisher hatten die Häupter den Unterthanen jede Verbesserung ihrer elenden Wohnungen untersagt, damit ihre eigenen Häuser sich um so besser ausnehmen sollten.[4]

Um den Viehstand zu heben, wurde mit den Häuptern eine Maximalzahl für das bei Leichenfesten zu schlachtende Vieh festgesetzt. Beim Tode des Jang de Pertuan sollten nicht mehr als neun Büffel geschlachtet werden dürfen.[5]

Auch im Interesse der Gesundheit machte Godon den Häuptern Vorstellungen. Er hatte gesehen, wie man die Leiche eines Verstorbenen im verwesenden Zustande über der Erde liess, da noch die erforderliche Anzahl Büffel nicht vorhanden war, um das Festmahl herrichten zu können. Da wurde denn bestimmt, dass jede Leiche binnen zweimal 24 Stunden begraben werden müsse.[6]

Alles dies ging gewiss nicht ohne konsequente Strenge

---

[1] Godon p. 5 und 6.

[2] Godon p. 18, siehe Karte Taf. II.

[3] Godon p. 18.

[4] Godon p. 5.

[5] Schon unter Willer wurden von der holländischen Verwaltung ähnliche Massregeln genommen zum Schutz des Viehstandes, s. Willer p. 335, 6. Aber man scheint dieselben gegenüber der Eitelkeit der Häupter nicht haben durchsetzen können.

[6] Godon p. 20.

von statten. Wieviel sich Godon aber den Häuptern gegenüber herausnehmen durfte, zeigt der Umstand, dass er ihnen ein für allemal bei hoher Geldstrafe das Spiel verbot, während das beliebteste Spiel, das Hahnengefecht, dem Volke unter gewissen Bedingungen gestattet blieb.[1]

Der Ruf von der glücklichen Lage, die die Regierung ihren Unterthanen zu schaffen wisse, verbreitete sich auch bald in den von inneren Kriegen zerrissenen benachbarten unabhängigen Landschaften, so dass immer neue Emigranten sich auf dem Regierungsgebiet niederliessen.[2]

Bei solchem Zuzug und bei den verbesserten materiellen Verhältnissen stieg die Bevölkerungszahl bedeutend und ergab sich im Jahre 1856 eine Bevölkerungszahl von 28 115 Seelen in Gross-Mandheling gegen 17 000 im Jahre 1846, 13 555 Seelen in Klein-Mandheling gegen 11 000, 6544 Seelen in Ulu und Pakanten gegen 5000, 14 274 Seelen in Angkola und Sipirok gegen 11 000 in dem letztgenannten Jahre.

Am Wege nach Natar zählte man 2 352 Seelen. Im ganzen betrug also die Bevölkerung 64 840 Seelen.

Zuwachs seit 1846 18 488 Seelen.[3]

Die gesellschaftlichen Folgen der materiellen Verbesserungen im battaschen Gemeindeleben und nicht zum wenigsten der Erträge aus der Kaffeekultur zeigten sich zunächst in einer veränderten Stellung der Frau.

Die verbesserte Kleidung und Wohnung, wie das Geld, das sie nun zur Verfügung bekam,[4] gaben ihr den Muth, heranzutreten mit den Klagen gegen ihren Herrn und Bedrücker, und da war es der Beamte, der die Häupter zwang, die Klagen zu untersuchen und der Frau ihr Recht zu geben.[5]

---

[1] Godon p. 20.

[2] Godon p. 29; de Waal p. 94.

[3] Godon p. 4 und 38.

[4] Die Frau arbeitete im Kaffeegarten mit und brachte auch einen Theil des Produktes zum Packhaus, bekam dafür ihren Antheil am Ertrage, s. Godon p. 19.

[5] Godon p. 19.

Unter dem Druck der europäischen Kontrolle mussten die Häupter auch zustimmen, den Sklaven gewisse Rechte einzuräumen und das strenge Schuldrecht zu mildern:[1] und wieder war es der Einfluss des Beamten in der Versammlung der Distriktshäupter, der die Durchführung der Bestimmungen möglich machte.

Von diesem Einfluss war denn auch mit der Zeit eine Verfeinerung des Rechtsbewusstseins und eine bessere Ordnung des Processgangs zu erwarten.

Denn vor den Rapat wurden die bedeutenderen bürgerlichen Streitigkeiten und die grösseren Strafsachen gebracht, auch wurde vom Gerichte des Dorfhauptes oft an den Rapat appellirt.

Da konnte denn der Beamte für eine gehörige Berücksichtigung der Vertheidigung sorgen, ein Protokoll führen lassen und auf die Festsetzung der Strafen einwirken: dass keine Sklaverei dekretirt wurde, dass anstatt der Geldbussen in schweren Fällen Todesstrafe trat, dass Unvermögenden keine Geldbussen auferlegt wurden.

Der Beamte brauchte seine Meinung nur durchblicken, oder ein Haupt, das seiner Meinung war, präsidiren zu lassen, um der Annahme dessen sicher zu sein, was er für gut hielt.[2]

Auf den Geist, mit welchem alle diese Verbesserungen

---

[1] Folgende Vorschriften wurden aufgestellt, s. Godon p. 27, 28:

1) Der Herr ist verpflichtet, seinen Sklaven gut zu behandeln und ihn im Krankheitsfalle zu verpflegen.
2) Der Herr, der überführt wird, seinen Sklaven misshandelt zu haben, wird durch den Rapat (Versammlung der Distriktshäupter) mit Busse belegt. Für den Sklaven ist Freistellung die Folge.
3) Sklaven einzuführen ist nicht verboten, wohl aber die Ausfuhr von Sklaven.
4) Ein Sklave, der sich freizukaufen wünscht, soll beim Rapat sein Verlangen vorbringen können.
5) Der Schuldner soll zu jeder Zeit seine Schuld tilgen können.
6) Schulden, die beim Spiel kontrahirt sind, sind nicht rechtsgültig.
7) Hinfort darf kein Mensch in Schuldknechtschaft übergehen, ohne dass ihn der Rapat dazu für schuldig befunden hätte.
8) Strafen festgesetzt für Zuwiderhandlungen von Art. 7.

[2] vergl. der Kinderen p. 34—36.

aufgenommen wurden, werfen die folgenden Stellen aus dem Dokument ein Licht, welches die Häupter von Mandheling dem Assistent-Residenten Godon bei seinem Abschiede überreichten:

„Was waren wir früher für Menschen? Wir Mandhelinger waren fast keine Menschen! Wir waren sehr dumm und viele unserer Unterthanen kleideten sich in Baumrinde. .... Herr, gute Sitten und Gewohnheiten habt Ihr uns gelehrt und verständige Menschen aus uns gemacht. Ihr waret aber nicht bloss unser Lehrmeister, Ihr habt auch mit Herz und Seele für uns gesorgt, wie ein Vater für seine Kinder! Früher lachten die Fremden über uns und unser Land. Aber nun dürfen wir auf uns wie auf unser Land stolz sein und wahrlich, wir meinen, dass unser Land nicht schlechter ist als irgend ein anderes.“ [1]

Aus dieser Schilderung dürfte, wie oben bereits angedeutet wurde, hervorgehen, dass die Möglichkeit bestand, um Hand in Hand mit der Ausbreitung der Kaffeekultur im Dienste der Regierung die Bevölkerung gesellschaftlich und wirthschaftlich auf eine höhere Stufe zu heben.

Aber eine solche Entwickelung bedrohten ernste Gefahren.

Godon erkannte sie selbst und suchte ihnen vorzubeugen.

Die reichliche Freiheit des Handelns, die dem Beamten der holländisch-indischen Regierung zustand und die ihm selbst die Möglichkeit gegeben hatte, seine persönliche Auffassung von dem durchzudrücken, was er für die ihm anvertraute Abtheilung am besten hielt, konnte bei dem Umfang der zu besorgenden Geschäfte in Zukunft verderblich wirken, wenn ein weniger gewissenhafter Beamter an seine Stelle trat. Vorzüglich gross war diese Gefahr, so lange Frohnden von der Regierung gefordert wurden. Ohne dass eine Kontrolle möglich war, konnte ein Beamter, sei es im übertriebenen Pflichteifer, sei es um seiner Laune zu fröhnen,

---

[1] Nach der beglaubigten holländischen Uebersetzung im Besitze des Herrn Godon.

die Arbeitskraft von Tausenden für nichts und wieder nichts in Anspruch nehmen: und das schlug Godons oberster erzieherischer Rücksicht ins Gesicht: von der Bevölkerung nichts zu fordern, als was ihr Vortheil einbrächte.

Darum forderte er kurzer Hand völlige Abschaffung der von der Regierung geforderten Dienste.[1] Zusammen mit dieser Forderung ging die einer gehörigen Besoldung der Häupter: und zwar nicht bloss der Kuria-Häupter, sondern auch der Dorfhäupter, damit man ihnen verbieten könne, von der Bevölkerung Dienste zu fordern, wozu sie nach dem Vorbild der holländischen Beamten übergegangen waren.[2]

Die von den Häuptern geforderten Dienste drückten nach Godons Behauptung die Wirthschaft der Bevölkerung noch schwerer, als die von der Regierung geforderten.[3]

Wie musste es daher um die Entwicklung der Wirthschaft stehen, wenn ein nachfolgender Beamter mit weniger Nachdruck das Interesse der Bevölkerung gegenüber den Häuptern zu vertreten wusste?

Leicht mochte da das Missverhältniss wieder einreissen, dass ein Haupt den Missbrauch seiner Gewalt damit entschuldigte, dass die Rücksicht auf Wahrung seines Ansehens und auf Erfüllung seiner Pflicht gegen die Regierung ihn dazu nöthige.

In einer Denkschrift, die er dem Gouverneur der Westküste einsandte, setzte nun Godon auseinander, wie die ge-

---

[1] Godon p. 39.

[2] Welcher Art diese Dienste waren, ist nicht recht ersichtlich. Der Regierungsbericht von 1855 meldet:

Bei aussergewöhnlichen Gelegenheiten können die Häupter für wenige Tage Frohnden in Anspruch nehmen. Sie geben den Arbeitern dafür Speise und kleine Feste.

Im Regierungsbericht von 1876 werden folgende Dienste aufgeführt:

das Beziehen von Wachen,

das Verleihen von Hülfe bei der Bearbeitung von Sawahs und beim Bau der Wohnungen.

Im Regierungsbericht von 1881 wird von altherkömmlichen Wachtdiensten bei den Häuptern gesprochen.

[3] Godon p. 43.

nannten Forderungen zwar eine bedeutende Vermehrung der Ausgaben mit sich brächten, wie sich aber zugleich durch völlige Abschaffung der Frohnden die Erträge der Kaffeekultur bedeutend würden steigern müssen.

Dies bewies er dadurch, dass er zeigte, was für eine Zeitvergeudung die Frohnarbeit mit sich führe,[1] und wie die so verschwendete Zeit nützlich für den Unterhalt von Kaffeebäumen angewandt werden könne. Er berechnete, dass durch eine Arbeit von 60 Tagen — die Summe der für Häupter und Regierung verschwendeten Arbeitstage — in einem Jahre 272 Kaffeebäume mehr von einem Haushalt würden besorgt werden können,[2] wovon die Regierung einen jährlichen Mehrgewinn von fl. 202 500 ziehen würde.[3]

Auf Grund von Besprechungen mit den Häuptern Mandhelings und seiner Kenntniss von der in der Abtheilung nöthigen Arbeit, kam er dem gegenüber zu einer Mehrausgabe von bloss fl. 105 000, so dass er der Regierung für die Erfüllung seiner Forderungen einen jährlichen Mehrgewinn von circa fl. 100 000 in Aussicht stellen konnte.

Wie stand nun aber die holländische Regierung der Begünstigung einer gesellschaftlichen und wirthschaftlichen Hebung der indischen Unterthanen gegenüber?

Aufschluss darüber giebt uns die Fassung des Regie-

---

[1] Godon p. 42, 43.

[2] Siehe Godon p. 43 giebt folgende Berechnung:

Anlage und Unterhalt einer Pflanzung von 100 Kaffeebäumen fordert von einer Familie:

im ersten Jahre	20	Tage Arbeit
im zweiten (für Unterhalt)	12	„ „
im dritten (für Unterhalt und Ernte) . . .	24	„ „
im vierten bis zum achten Jahre à 24 Tage	120	„ „
Während acht Jahren	176	„ „
durchschnittlich in einem Jahre	22	„ „

Mit der Arbeit von 60 Tagen könnten also 272 Kaffeebäume besorgt werden.

[3] 270 Kaffeebäume à $^3/_4$ Pikul Jahresertrag von 100 Bäumen geben im Jahre 2,025 Pikul. Die 10 000 Familien der Abtheilung ernten also 20 250 Pikul. Bei einem Profit von fl. 10 pro Pikul gewinnt die Regierung daran fl. 202 500. Godon p. 43.

rungsreglements von 1854 im allgemeinen und das Schicksal von Godons Forderungen im besonderen.

Das Regierungsreglement von 1854 ist als ein Kompromiss aufzufassen zwischen der Regierung, welche seit 1830 durch das Kulturensystem grosse direkte Vortheile aus den Kolonieen gezogen hatte, und der liberalen Partei, welche für die Wohlfahrt der indischen Bevölkerung und die Entwickelung des privaten Unternehmungsgeistes in den Kolonieen eintrat. Das neue Staatsgrundgesetz von 1848 hatte der letztern Gelegenheit gegeben, ihre Principien, welche durch die Entscheidung des Königs vom Jahre 1830 zu Gunsten des Ausbeutungssystemes des Ministers van den Bosch in den Hintergrund gedrängt waren, aufs neue zu verfechten und die Bestimmungen des neuen Regierungsreglements zeugen davon, dass sie von der gegebenen Gelegenheit Gebrauch gemacht hatte.

Zwar hatte die Regierung eine principielle Entscheidung über das zu befolgende Regierungssystem zu verhindern gewusst, aber doch war die Fortdauer des alten Zustandes, der zu den grössten Unzuträglichkeiten geführt hatte, durch eine Reihe von Bestimmungen verhindert, welche theils die Handlungsfreiheit der Regierung einschränkten, theils positive Neuerungen verlangten.

Für unseren Fall kommen die folgenden Artikel in Betracht.

Der Artikel 55 bestimmte, dass es eine der wichtigsten Pflichten des Generalgouverneurs sei, die Inländer gegen jegliche Willkür zu schützen.

Der Artikel 56 § 5 bestimmte betreffs des Einkaufsmonopols, dass es zwar so viel wie möglich beibehalten werden solle, dass aber auch die Beschwerden aufgehoben werden müssten, welche ihm nach eingeleiteter Untersuchung anzuhaften scheinen würden.

Auf diese beiden Artikel meinte sich Godon bei seinen Forderungen berufen zu können. Denn so lange die Frohnden bestanden, erschien ein wirkungsvoller Schutz der Bevölkerung gegen ihre Häupter unmöglich, und die Frohndenforderung bildete in der That eine Beschwerde für die Entwickelung der Kaffeekultur.

Doch stand seiner Auffassung der Art. 57 gegenüber, der die Verpflichtung der Bevölkerung zu Dienstleistungen anerkannte und nur eine Fixirung derselben nach Art und Dauer je nach den Verhältnissen der verschiedenen Provinzen unter periodischer Verminderung forderte.

So konnte die Regierung, wenn ihr anders eine glückliche Entwickelung der Verhältnisse in unsern Distrikten nicht mehr am Herzen lag, als auf Java, auf welche Insel das Regierungsreglement besonders berechnet war, mit ruhigem Gewissen die Verhältnisse lassen, wie sie waren, und damit konnte auch die Wirkung der reformatorischen Maassregeln in Frage gestellt werden, die in den weiteren Artikeln befohlen wurden: die Ermuthigung von Handel, Gewerbe und Landbau (Art. 60), die Prüfung der inländischen Rechtsgewohnheiten auf ihre Billigkeit und Gerechtigkeit hin (Art. 75), die Abschaffung der Sklaverei (Art. 115), das Verbot der Beschlagnahme einer Person als Sicherheit für eine Schuld (Art. 118) und die Errichtung von Schulen für die inländische Bevölkerung (Art. 128).

Aber weit entfernt davon, dass die Regierung mit ihrer principiellen Abneigung gegen die Aufhebung der Frohnden in unsern Distrikten eine Ausnahme gemacht hätte, vertheidigte sie gar die Frohnden in diesen Theilen im Regierungsbericht von 1859 damit, dass sie den einzigen Entgelt der Regierung ausmachten für die Wohlthat einer ordentlichen und geregelten Verwaltung, wenn zwar zugegeben werden müsse, dass sie an einer ungleichmässigen Vertheilung der Arbeit laborirten. Unmöglich aber könne doch die Kaffeekultur als ein Entgelt angesehen werden, weil dieselbe nicht belastend wirke, sondern der Bevölkerung viel grössere Vortheile bringe, als sie jemals bei freier Selbstbestimmung gekannt hätte.

Mit ganzer Deutlichkeit wird aber die mangelhafte Beachtung der konkreten Verhältnisse unserer Abtheilung seitens der Regierung aus dem Beschluss Nr. 45 im indischen Staatsblatt des Jahres 1863 klar, wo von der Neuordnung der

Besoldungen im Gouvernement der Westküste Sumatras die Rede ist.

Im zweiten Theile dieser Arbeit wurde schon erwähnt, dass diese Besoldungen sich im Anfang auf 1800 fl. für den Jangdipertuan und auf 240 fl. für die Kuriahäupter beliefen.

Aus Godons Denkschrift geht hervor, dass Ende der fünfziger Jahre in Mandheling 12 Kuriahäupter besoldet wurden. Ersichtlich ist nicht, wie viele Häupter von Angkola Besoldungen bezogen.

Im Staatsblatt von 1863 ist nun von einer Erhöhung der Besoldungen überhaupt nicht die Rede. Es ergiebt sich nur, dass eine grössere Anzahl Häupter mit der Regierung in direkte Beziehung gekommen waren und so der Besoldung von 240 fl. theilhaftig wurden: hinfort wurden besoldet in der Unterabtheilung Gross-Mandheling 6 Häupter mit 240 fl., der Jangdipertuan nach wie vor mit 1800 fl. Ausserdem 4 Häupter in den Oberlanden von Natar mit je 180 fl. jährlich. In der Unterabtheilung Klein-Mandheling, Ulu und Pakanten 9 Häupter mit 240 fl., so dass in dem ganzen südlichen Theil, auf dessen Entwicklung bisher die meiste Arbeit verwandt war, nur fl. 1440 mehr zur Vertheilung kamen, während Godon eine Mehrausgabe von fl. 54120 für Mandheling gefordert hatte.

In Unter-Angkola kamen jetzt 4 Häupter, in Ober-Angkola 6, und auf Sipirok 3 in Betracht, die alle zusammen fl. 3120 bezogen.

Da also die Regierung auf die Intentionen Godons nicht einging und sich einerseits auf das im Regierungsreglement enthaltene Zugeständniss der Frohnden, andererseits auf die Unkenntniss der Kammer mit den Bedürfnissen der abgelegenen kleinen Abtheilung Mandheling und Angkola stützte, war die Aussicht auf einen neuen Modus der Besteuerung in unseren Gebieten von vornherein in Frage gestellt.

Im Folgenden gilt es nun zu untersuchen, wie die Bestimmungen des Regierungsreglements in unseren Gebieten zur Ausführung gelangt sind und ob sie eine Entwickelung befördert haben, wie sie uns auf Grund der Betrachtungen über die Kaffeekultur erwünscht erschien.

Zu dieser Untersuchung ermuntert besonders eine im Regierungsbericht von 1884 p. 192 enthaltene Notiz über die territorialen Bedingungen unserer Distrikte für die Regierungs-Kultur. Wir erfahren dort, dass die Felder, die in Zukunft für die Kultur in Betracht kommen würden, meist nicht in der Nähe der Dörfer lägen. Das zulässige Maximum der Entfernung betrage sechs Palen = $1^1/_2$ deutsche Meilen.

Betrachten wir zunächst, wie die Einschränkung und Reglementirung der Frohnden, die ja durch den Art. 57 des Regierungsreglements gefordert wurden, in unseren Gebieten zur Durchführung gelangten und mit welchem Erfolge.

Von Erleichterungen ist besonders in den Regierungsberichten der sechsziger Jahre die Rede. Im Regierungsbericht über 1863 wird versichert, dass die unbezahlten Dienste erleichtert würden durch Anstellung von Arbeitern oder Auszahlung von Subsidien, wo die geforderte Arbeit die Kräfte der Bevölkerung übersteige. Die Transportunternehmer würden — wo dies möglich sei — mit der Beförderung der Regierungsfrachten betraut.

Der Regierungsbericht über 1865 versichert, dass Kuliedienste für reisende Beamte kaum noch gefordert würden.

Und im Regierungsbericht von 1866 wird in Aussicht gestellt, dass vom 1. Januar 1868 ab keine Dienste mehr bei den Packhäusern gefordert werden würden.

In den 70er Jahren wurde folgende Erleichterung verzeichnet: den Transportunternehmern sei auferlegt worden, zugleich die Beförderung der Beamten auf ihren Dienstreisen, der reisenden Militärs und ihres Gepäcks zu besorgen.[1] Ob man zu einer Vermehrung der Postboten übergegangen ist, wozu die Absicht im Regierungsbericht von 1876 zu erkennen gegeben wurde, ist nicht ersichtlich.

Bei all diesen Erleichterungen jedoch scheint der Bevölkerung die geforderte Arbeitsleistung keineswegs sympathischer geworden zu sein. Einen Massstab dafür bieten uns die von 1862—1872 veröffentlichten Listen über die

[1] K. V. 1875.

Bestrafung der Entziehung von Frohnarbeit durch den Verwaltungsbeamten.

Während im Jahre 1862 in Gross-Mandheling 43 Fälle verzeichnet wurden,[1] wurden 1864 60,[2] 1865 151, 1866 83, 1867 141 und weiter 272, 329, und 146 Bestrafungen vorgenommen. In Klein-Mandheling stieg die Zahl von 14 bis auf 285 im Jahre 1870, in Ulu und Pakanten von 15 auf 151 im Jahre 1868, und in Angkola und Sipirok von 49 auf 376 im Jahre 1867; in den Jahren 1868, 1869 und 1872 wurden hier 132, 221 und 171 Bestrafungen vorgenommen.

Wie sich die Bevölkerung in den späteren Jahren zu den Regierungsfrohnden gestellt hat, ist aus den Quellen nicht ersichtlich. Höchst bemerkenswerth ist es aber, dass im im Bericht von 1877 die Regierung als die Ansicht des Gouverneurs der Westküste die Meinung veröffentlichte, dass die derzeit von der Bevölkerung geforderten Dienste im allgemeinen für die Bevölkerung zwar nicht gerade drückend seien, dass er es aber doch für wünschenswerth halte, dieselben durch eine Steuer in Geld zu ersetzen.

Aus der Schilderung eines Reisenden, der die Abtheilung im Jahre 1879 besuchte, geht auch dieselbe günstige Meinung über die Frohnden hervor, es wird aber zugleich daraus deutlich, dass noch damals Widersetzlichkeit gegen die Frohnden an der Tagesordnung war. Es heisst da nämlich: Wenn ein Haupt gewissenhaft den Verpflichtungen gegen die Regierung nachkommt und seine Leute zur Arbeit im Kaffeegarten und an den Wegen ordentlich antreibt, dann sieht darin der träge Batta leicht einen Grund, sich von seinem Haupte abzuwenden und sich unter die Befehle eines anderen zu stellen.[3]

Zu einer Reglementirung der Frohnden, die doch nach dem Art. 57 die Grundlage für Erleichterungen bilden sollte, ist man in unseren Gebieten erst Anfangs der achtziger Jahre übergegangen. Im Regierungsbericht von 1883 heisst

[1] K. V. 1864 By. H.

[2] K. V. 1864 By. H. Die folgenden Zahlen siehe im K. V. 1869/70 By. J., K. V. 1871 By. H. p. 57, K. V. 1873 By. T. p. 49, K. V. 1876 By. T. p. 49.

[3] Buys p. 165.

es, dass der Entwurf der neuen Regelung als Probe vorläufig eingeführt werden solle. Es war darin genau festgestellt, wer zur Leistung der Dienste verpflichtet sei und wer nicht, und ferner, wieviel Personen täglich für besondere Beschäftigungen aufzukommen hätten.[1]

Seither wurde gemeldet, dass diese Feststellungen eine wohlthätige Wirkung ausübten.[2]

Aus dem Bekannten scheint mir aber schon hervorzugehen, dass nach wie vor die Beibehaltung der Frohnden der wirthschaftlichen Entwicklung der Bevölkerung schädlich bleiben wird, trotz neuer Erleichterungen.

Was nun den vom Regierungsreglement geforderten Schutz der Bevölkerung gegen Willkür betrifft, so blieb in den 60er Jahren Alles beim alten. Im Jahre 1865 wurde sogar die Befürchtung ausgesprochen, dass die Häupter sich die steigende Enthaltsamkeit der Regierung in Bezug auf Frohndenforderung zu Nutze machen würden.[3]

Im Jahre 1871 machte jedoch die Regierung eine gewaltige Anstrengung, um das Versäumte nachzuholen.

Es wurden durch Beschluss Nr. 83 im ind. Staatsblatt von 1871 die Gehälter der Kuriahäupter von 240 fl. auf 960 fl. erhöht, welche Summe derjenigen gleichkommt, für die die Häupter von Mandheling Godon gegenüber sich verpflichtet hatten, auf Dienste von der Bevölkerung verzichten zu wollen. Die früheren Subventionen von fl. 180 wurden auf fl. 600 erhöht.[4] Im Ganzen wurden nun in der Ab-

---

[1] K. V. 1882.

[2] K. V. 1884.

[3] K. V. 1865.

[4] In Klein-Mandheling kam ein neues Kuriahaupt hinzu. In Unter-Angkola zwei. Bei einigen Häuptern Erhöhung nur auf fl. 600. Bemerkenswerth ist, dass von nun an des Jangdipertuan von Mandheling nicht mehr Erwähnung geschieht. Er heisst jetzt einfach Kuriahaupt von Kotta Siantar. Mandheling war seit 1870 zu einem einfachen Kontrollbezirk degradirt. Durch Beschluss Nr. 22 im indischen Staatsblatt von 1870 war bestimmt, dass der Kontrolleur von Padang-Sidempuan und der Assistent-Resident von Penjabungan ihre Plätze wechseln sollten, weil am ersteren Ort ein Beamter höheren Ranges mehr nöthig sei, als am letzteren.

theilung fl. 7440 in Gross-Mandheling und Batang Natar, fl. 8280 in Klein-Mandheling, Ulu und Pakanten und fl. 13 080 in Angkola und Sipirok — Alles in Allem also fl. 28 800 an Besoldungen für die Häupter ausbezahlt. Hinzuzuziehen ist hier, dass die Häupter am Batang-toru, also in dem Distrikt, durch welchen der Weg von Angkola zum Meere führte, durch Beschluss Nr. 31 im Ind. Staatsblatt von 1871 einen eigenen Kontrolleur bekamen, während sie früher direkt unter dem Residenten von Siboga gestanden hatten. Die Besoldungen dieser wurden von fl. 240 auf fl. 600 erhöht.

Welches war nun die Wirkung dieser Erhöhung auf das Verhältniss der Häupter zur Bevölkerung? Zunächst ist zu bemerken, dass immer nur noch die obersten Häupter, die mit der Regierung direkt in Berührung kamen, besoldet wurden: dass die Dorfhäupter auch diesmal leer ausgingen.

Weiter ist hier heranzuziehen, dass in der Folge immer noch von Diensten gesprochen wird, die den Häuptern von der Bevölkerung geleistet werden.

Im Regierungsbericht von 1876 liesst man: „Die den Häuptern geleisteten Dienste: das Beziehen von Wachen, das Verleihen von Hülfe bei der Bearbeitung der Sawahs und beim Bau der Wohnungen, werden als wenig drückend bezeichnet“. Und im Regierungsbericht von 1881 heisst es: „die bestehen gelassenen, altherkömmlichen Wachtdienste bei den inländischen Häuptern wurden ohne Widerstreben geleistet.“

Es ist also zum mindesten ungenau, wenn in den Budgetvorlagen die fl. 28 800 aufgeführt werden als Entschädigungen für den Verzicht auf Frohnden.[1]

Zu alledem kommt die Erwägung, dass im Jahre 1871 die Umstände für einen Abkauf des Frohndenrechts nichts mehr so günstig gewesen sein können, als zu Godons Zeit.

Aus dem Regierungsbericht, der die Gehaltserhöhung erwähnt, geht nämlich hervor, dass man dadurch eine bessere Stimmung bei den Häuptern hervorzurufen hoffte.[2]

Wir werden zur Erklärung dieses Umstandes in erster

---

[1] Siehe Hoofdstuk II Afd. IV in den Budgetvorlagen.
[2] K. V. 1871 p. 191.

Linie wohl zu denken haben an die Last, welche die Regierung den Häuptern durch die Frohndenforderung bereitete.

Aber noch mit einem andern Faktor haben wir zu rechnen, um uns die Veränderung der Stimmung seit Godons Zeit zu erklären: nämlich mit dem überhandnehmenden Einfluss der mohamedanischen Priester.

Um dies deutlich zu machen, muss ich mir einen längeren Exkurs erlauben.

Die holländische Regierung hatte das ihrige gethan, um dem mohamedanischen Einfluss die Thore zu öffnen. Schon die Organisation der Verwaltung war dem Eindringen des Islam förderlich; denn die Holländer führten das Malaiische als Regierungssprache ein. Für die Häupter, welche auf die wichtigen Stellen als kapala kuria Anspruch erhoben, war es die erste und wichtigste Aufgabe, dass sie Malaiisch lernten. Ebenso war die erste Bedingung für irgend einen Eingeborenen, der sich um eine Anstellung bei der Regierung bewerben wollte, dass er Malaiisch verstehe.

Auf diese Weise gewöhnten sich die Leute, das Malaiische und dann auch die Malaien selbst als etwas Höheres, ihnen selbst Ueberlegenes anzusehen: die nationale Antipathie gegen das Malaienthum war daher unter dem holländischen Einfluss bald geschwunden und so kam es auch bald zu einer Hochschätzung der malaiischen Sitten, vorzüglich der religiösen Ceremonien des Islam. Die Priester machten den Battas den Eintritt in die Gemeinschaft der Gläubigen nicht schwer: Götzendienst und Zauberei brauchten sie nicht aufzugeben, nur hatten sie sich des Genusses des sonst so beliebten Hunde-, Schweine- und Rattenfleisches zu enthalten; im übrigen vereinfachte die mohamedanische Sitte die ehelichen Verhältnisse sowohl beim Nehmen einer zweiten und dritten Frau, als auch bei einer gewünschten Ehescheidung.[1]

Die Häupter wie auch die Bevölkerung hatten zudem sichtlichen Vortheil von der Annahme des Islam. Während

[1] Schreiber p. 41 ff.

das Volk sich darüber freute, dass dadurch der Handelsverkehr mit den Malaien bedeutend erleichtert wurde,[1] erfuhr der Einfluss der Häupter dadurch eine Stärkung. Sogar eine neue Einnahmequelle öffnete sich ihnen dadurch. Die Mohamedaner bringen nämlich alle Jahre zur Zeit des Fastenmonats eine Abgabe, bestehend in einem Huhn, einigen Pfund Reis und etwas Geld dar, welche dann zwischen dem Priester und dem Haupte getheilt wird.[2]

Der Jangdipertuan hatte nach der gewaltsamen Bekehrung durch die Padries den mohamedanischen Glauben nicht wieder abgelegt, und ein Beamter versicherte Anfangs der 60er Jahre, dass er seinen Einfluss unter anderem durch Vermittlung mohamedanischer Priester zur Geltung brächte. Die verwandtschaftlichen Beziehungen zwischen den Häuptern beförderten natürlich den Process der Islamisirung, nachdem das einflussreichste Haupt vorangegangen war.[3]

Da die malaiischen Priester das Gewohnheitsrecht nicht antasteten, hatte die Regierung keine Veranlassung, sich von vornherein feindlich diesem Process entgegenzustellen: und wenn auch die Ausgleichung der Unterschiede zwischen Malaien und Battas ihr aus Gründen sumatranischer Politik, besonders mit Rücksicht auf Atjeh, unsympathisch sein musste, so stand dem doch wieder die Rücksicht gegenüber, dass der Islam den Einfluss der Häupter in erwünschter Weise steigerte.

Aber schon Godon empfand, dass die Steigerung des Einflusses der Häupter durch das Mittel der Priester eine sehr zweischneidige Waffe war. Wenn sich ein Haupt einmal widerspenstig zeigte gegen den Willen der Regierung, konnte er darauf rechnen, dass es der Einfluss von Hajis war, der dessen Dünkel erregt und es zur Widersetzlichkeit gegen die Regierung ermuthigt hatte.[4]

Es war für Godon desshalb eine grosse Enttäuschung,

---

[1] Pruys p. 50.
[2] Schreiber p. 59.
[3] Pruys p. 43. 44.
[4] Godon.

als er sah, wie die Schulen, die er zur Heranziehung inländischer Gehülfen gegründet hatte, wegen Mangels an europäisch-religiöser Färbung und wegen Anwendung von Malaien als Lehrern zur Verbreitung des Islam beitrugen.

In der durch und durch heidnischen Ulu passirte es ihm, dass er die Schulkinder die mohamedanischen Fastenbräuche üben sah. Der Gedanke lag den Eingeborenen auch nahe, dass der Islam die Religion der Regierung sei, und die Malaien waren gleich bei der Hand, um in den Unterricht die Belehrung in mohamedanischen Gebräuchen einzuflechten.[1]

Es schien freilich noch immer Zeit zu sein, den mohamedanischen Einfluss zu brechen. Die Ausweisung seiner Hajis brachte ein aufgewiegeltes Haupt zur Vernunft zurück,[2] und Godon meinte versichern zu können, dass es noch möglich sein würde, durch die Predigt des Evangeliums in den Vororten von Mandheling, in der Ulu und in Sipirok das schwache mohamedanische Element zu unterdrücken. Mit dieser Missionsarbeit müsse dann der vom Regierungsreglement geforderte Volksschulunterricht Hand in Hand gehen.[3]

Er selbst konnte der Regierung einige Zeit nach seiner Rückkehr nach Holland[4] einen jungen Mandhelinger von vorzüglichen Fähigkeiten zur Verfügung stellen, den er nach Holland mitgenommen und dort unter anderem in der Religion hatte unterrichten lassen, was seine Bekehrung zum Christenthum zur Folge gehabt hatte. Die Regierung mochte ihn zum Schullehrer ausbilden lassen, und er konnte dann Vorsteher eines christlichen Lehrerseminars in Mandheling werden.[5]

Hatte sich aber Godon bei seinen früher genannten

---

1 Godon p. 24.

2 Godon.

3 Zur Einleitung der Mission forderte er die holländische Missionsgesellschaft auf. Die Vorarbeiten für ein solches Unternehmen waren schon gemacht: die niederländische Bibelgesellschaft hatte die Sprache der Battas durch den Gelehrten Neubronner van der Tuuk studiren lassen.

4 Godon verliess die Abtheilung im Jahre 1857.

5 Godon p. 24.

Forderungen zum Wohle der Abtheilung auf Bestimmungen des Regierungsreglements berufen können, der Forderung von confessionellen Schulen und der Parteinahme für die christliche Religion stand der Art. 119 des Regierungsreglements gegenüber, dass jeder Eingeborene die volle Freiheit seiner religiösen Ueberzeugung geniessen solle.

Diesem Artikel gemäss durfte das mohamedanische Element nicht durch christliche Lehrer belästigt werden und konnte die Regierung den Missionaren bloss in solchen Gebieten ihre Arbeit gestatten, die noch nicht vom Mohamedanismus berührt waren.

Es ist aber ein Zeichen, dass die Regierung ein Verständniss hatte für die Gefahr, die ihr in der völligen Verwischung der nationalen Grenzen zwischen Malaien und Battas drohte, dass sie der Missionsarbeit in den heidnischen Theilen der Abtheilung keine Schwierigkeiten in den Weg legte und dass sie den Missionaren der Barmer Missionsgesellschaft, die das Plateau von Sipirok als Hauptfeld ihrer Thätigkeit auf Sumatra ausersehen hatte, zugestand, in die nordwestlich angrenzenden Battadistrikte weiterzudringen, obwohl ihr dort die Sorge für die Sicherheit der Missionare beschwerlich werden musste.

Sehen wir nun, welchen Einfluss die Missionsarbeit in unserer Abtheilung gegenüber der von der Regierung nicht gehemmten mohamedanischen Bewegung gehabt hat.

Im allgemeinen trug die Predigt der christlichen Lehre dazu bei, die heidnische Bevölkerung nur um so schneller dem Islam in die Arme zu treiben. Der Kampf gegen die Thorheit des alten Geisterglaubens überzeugte das Volk, dass in der That die Annahme einer Religion höchst zeitgemäss sei. Dann lag aber die bequeme Religion der Malaien am nächsten. Da nun aber gar die Missionare noch auf die Schäden der alten Adat den Finger legten und von ihren Anhängern Besserung ihrer Sitten verlangten, glaubten die Battas, und vorzugsweise die Häupter, zur Bevorzugung des Islam verpflichtet zu sein, da ja die Regierung die alte Adat garantirt hatte.[1]

---

[1] Vergl. Pruys p. 50.

So ist es denn auch in Ober-Angkola, wo seit Anfang der 60er Jahre zwei holländische Missionare gearbeitet haben,[1] diesen nur gelungen, kleine Gemeinden um sich zu versammeln, die im Jahre 1879 60 und 150 Seelen zählten.[2]

Auch in Pakanten, wo das Heidenthum sich besonders zähe zeigte, und wo sich in Folge dessen ein Zögling des Barmer Missionshauses Anfangs der 70er Jahre niederliess,[3] sind keine wichtigen Resultate erzielt worden. Im Jahre 1879 umfasste die christliche Gemeinde dort 100 Seelen.[4]

Anders liegen die Verhältnisse auf Sipirok.

Hier wurde die Missionsarbeit schon unter Godon eingeleitet, und zwar durch einen unbemittelten holländischen Missionar, dem Godon eine Stelle als Aufseher gab. Dieser trat 1861 in den Dienst der Rheinischen Missionsgesellschaft, die gleich zwei Stationen auf Sipirok errichtete,[5] zu denen im Jahre 1866 noch eine dritte trat.[6]

Der Umstand, dass vor dem Eindringen des Islam mit solcher Kraft die Missionsarbeit hier begonnen wurde, und die Umsicht, mit der die Missionare ihre Aufgabe erfüllten, hat der christlichen Religion in diesem Theile eine starke Position im Volke gegenüber der mohamedanischen Propaganda gesichert.

Im Jahre 1879 wurde die Anzahl battascher Christen auf Sipirok auf ungefähr 1000 geschätzt,[7] und christliche Battas eifern mit mohamedanischen um Anstellung durch die holländische Regierung.[8]

Aber gerade dieser Erfolg hat die ablehnende Haltung der Häupter zum Fanatismus gesteigert.

Es gelang zwar im Jahre 1870, das Anrecht eines Christenzöglings auf einen der 3 Kuriaposten bei der Regie-

---

[1] Zu Simapilapil und Huta Rimbaru. S. Karte Taf. II.
[2] Buys p. 189, 90.
[3] Zu Huta Bargot. S. Karte Taf. II.
[4] Buys p. 139.
[5] Ber. 1862 p. 279. Zu Sipirok und Bungabondar. S. Karte Taf. II.
[6] Ber. 1868 p. 35. Zu Prausorat. S. Karte Taf. II.
[7] Buys p. 213.
[8] Vergl. R. Z. 1876 p. 66, zweiter Besuch p. 37.

rung zur Anerkennung zu bringen, aber es dauerte nicht lange, so war auch schon das christliche Oberhaupt mohamedanisch geworden.[1]

Gerade der Gegensatz zwischen Häuptern und Bevölkerung war es gewesen, der die Mission hier hatte Wurzel fassen lassen.

Zuerst waren es besonders die Sklaven gewesen, die sich dem Christenthum zugewandt hatten: sie hatten von den Missionaren Befreiung aus ihrer abhängigen Lage erwartet.[2] Dann hatten, jemehr die Kuriahäupter den Islam zu befördern suchten, die vielen schreienden Ungerechtigkeiten, welche sich diese Häupter erlaubten, eine Menge Familien, ja ganze Dörfer,[3] den Missionaren in die Arme geführt. Einige Zeit hofften diese, die Abscheidung von Sipirok von der Verwaltung von Angkola, wo der Islam völlig durchgedrungen war, und die Einsetzung eines Kontrolleurs für Sipirok werde geeignet sein, die Häupter dem mohamedanischen Einfluss zu entziehen;[4] als aber die Regierung im Jahre 1875 diese Abscheidung vorgenommen hatte,[5] sahen sich die Missionare bald arg enttäuscht. Denn je besser die Kontrolle über die Häupter wurde, desto weniger Veranlassung bestand für die Bevölkerung, sich dem Christenthum zuzuwenden.

Seit der Zeit haben die Missionare danach gestrebt, die über das ganze Plateau verbreiteten kleinen Gemeinden selbständig zu machen und ihnen Widerstandskraft einzuflössen gegen die immer fanatischer auftretenden mohamedanischen Häupter.[6] Aber wenn auch auf erfreuliche Zeichen hingewiesen werden kann, dass es den Missionaren gelungen ist, in den christlichen Gemeinden eine Strömung zur Verbesserung des alten Gewohnheitsrechts ins Leben zu rufen,[7] so

---

[1] Ber. 1870 p. 69, R. Z. 1878 p. 34.

[2] Ber. 1866 p. 12, 1868 p. 43.

[3] Ber. 1868 p. 171, 181.

[4] Ber. 1870 p. 69.

[5] K. V. 1875 p. 78.

[6] Die Gemeinde baut Kirche und Schule aus eigenen Mitteln, unterhält selbst den Lehrer. Eine Gemeinde legte zur Bestreitung dieser Ausgaben einen Kaffeegarten an. Vergl. R. Z. 1879 p. 35.

[7] Dr. Schreiber theilte mir das Protokoll der Kreissynode von Sipirok vom 25. Febr. 1885 mit, in welcher auf Antrag von Gemeindemitgliedern unter anderem beschlossen wurde:

muss es doch — solange sich die Regierung auf die gewohnheitsrechtliche Autorität der Häupter stützt — zweifelhaft erscheinen, ob diese erfreulichen Anfänge jemals grössere Dimensionen werden annehmen können. Die Häupter sehen sich durch das Entstehen religiöser Gemeinden innerhalb der Dörfer geradezu in ihrem Ansehen bedroht, das ganz auf der Einförmigkeit der Sitten und auf dem festen Zusammenhang der Geschlechter beruht,[1] und die im Grunde verstandesmässig beanlagten[2] und materiellen Battas dürften, falls sich die Regierung nicht zu einer direkten Begünstigung der Missionsarbeit verstehen sollte, die Missionare mit der Zeit im Stich lassen.[3]

Hat aber die Regierung in dem Theile, wo die Mission zu bedeutenderem Einfluss gelangte, den Fanatismus der Häupter für ihre alten Einrichtungen zu bändigen, so hat sie in den Theilen, wo die mohamedanische Propaganda ungestört arbeiten konnte, schon Bestrebungen zur Veränderung des Gewohnheitsrechts im mohamedanischen Sinne entgegenzutreten.[4]

---

dass die Zähne nicht mehr abgefeilt werden sollten — ein Zeichen der Grossjährigkeit bei den Battas —,
dass niemand vor dem 18. Jahre zur Trauung zugelassen werden solle,
dass Mädchen nicht gegen den Willen der Eltern sollten heirathen dürfen,
dass Beschleunigung der Heirath durch verbotenen Umgang mit Ehrenstrafen bedroht sein solle.

Diskutirt wurde über folgende Punkte:
Ob man nicht den Brautschatz beschränken solle auf das Geld, das zur Ausrüstung der Braut nöthig sei,
ob man nicht die Töchter mit den Söhnen gleichstellen und den ersteren das Erbrecht ertheilen solle.

1 R. Z. 1882 p. 25.

2 Ber. 1865 p. 153.

3 Vergl. R. Z. 1878 p. 31.

4 Der Regierungsbericht von 1885 p. 11 besagt: „In Tapanuli wurden Eiferer gefunden, welche den mit Rücksicht auf die Verhältnisse in dieser Residenz gefährlichen Grundsatz verkündeten, dass das Gewohnheitsrecht, wo es im Streit sei mit den Vorschriften des Korans, vor diesem weichen müsse“. Die Regierung ermahnte in Folge dessen die Häupter, an der Adat den Priestern gegenüber festzuhalten, es zeigte sich jedoch bald, dass die Priester Einfluss unter den Häuptern besassen. Ein Haupt empörte sich öffentlich gegen die Regierung. A. a. O.

Die Entwicklung hat also dahin geführt, dass zwischen Herrscher und Beherrschte sich der Einfluss Dritter drängte, der zunächst auf eine Entnervung des Volkes und Einbalsamirung des Alten[1] abzielte, um dann zu einer Ummodelung des Alten im Gegensatz zu den Herrschern überzugehen.

Und hiermit ist zugleich ausgesprochen, dass die vom Regierungsreglement dekretirten Volksschulen auf die Verfeinerung des Gewohnheitsrechtes keinen Einfluss gehabt haben.

Nicht dass die Regierung die Einrichtung von Schulen vernachlässigt hätte.

Die Zahl der Schulen, die unter Godons Leitung bis auf 4 gestiegen war, wurde schon in den nächsten Jahren auf 10 erhöht,[2] und im Jahre 1862 wurde ein Seminar zur Heranbildung battascher Volksschullehrer zu Tanah Batu eröffnet, unter der Leitung von Godons Schützling Jskander. Das Seminar trug trotzdem keinen konfessionellen Charakter, denn die Regierung hatte dem Jskander bedeutet, bei der Werbung für das Seminar Alles zu vermeiden, was nach Begünstigung der christlichen Religion von seiten der Regierung aussehen könnte.[3] Im Jahre 1879 wurde anstatt des genannten Seminars ein erweitertes Seminar zu Padang-Sidempuan eröffnet.[4]

Auch die Begabung der Battas liess nichts zu wünschen übrig. Schon die Erfolge, die zu Godons Zeit erzielt wurden, beweisen, dass die Battas einer verstandesmässigen Entwicklung fähig waren.

Aus der 1851 zu Penjabungan errichteten Schule gingen schon 1853 zwei Zöglinge hervor, die man zum Besuch der klinischen Schule nach Batavia senden konnte, von wo sie 1857 nach Absolvirung des Examens für inländische Aerzte zurückkehrten, um in ihrer Heimath mit der Ausübung ihres Berufes zu beginnen.[5]

---

[1] Vergl. Schreiber p. 47.
[2] Pruys p. 51.
[3] K. V. 1864.
[4] K. V. 1879.
[5] Godon p. 23.

Des weiteren ist die Persönlichkeit des Jskander, der in Holland mit ausgezeichnetem Erfolge dem Unterrichte folgte und die Lehrerprüfung bestand, ein schlagender Beweis für die verstandesmässige Entwicklungsfähigkeit der Battas.

Aber den Schulen, die die Regierung mit Rücksicht auf Volkshebung errichtete, fehlte die Sympathie der Bevölkerung.

Zwar wussten die Eltern, die den Ehrgeiz hatten, ihre Kinder dereinst im Dienste der Regierung zu sehen, den Werth der Schulen wohl zu würdigen. Aber die übrigen sahen den Zweck der Schulen nicht ein und es wird versichert, dass es der Autorität der Beamten bedurfte, um die Schulen zu füllen. [1]

In der ersten Zeit der Wirksamkeit Jskanders waren die Hoffnungen von der Seminareinrichtung hoch gegangen.

Man sah, wie die Häupter den Lehrer einluden, ihnen von seinen Kenntnissen zu erzählen und über Holland zu berichten, und hoffte, es würde möglich sein, die zukünftigen Häupter durch Zuziehung zum Seminarunterricht auf eine Stufe zu heben, die es ihnen leichter machen würde, den europäischen Rechtsbegriffen zu folgen und sich dem Einfluss des Islam zu entziehen. [2]

Es ist nirgends ersichtlich, ob man diesen Plan ausgeführt hat. Die Hauptsache blieb jedenfalls Heranbildung von Volksschullehrern.

Solange Jskander an der Spitze des Seminars stand, ging aus demselben auch eine genügende Anzahl Schullehrer zur Versorgung der Volksschulen hervor.[3]

Nach dessen Tode aber[4] hatte das 1879 eröffnete erweiterte Seminar zu Padang Sidempuan nur sehr spärliche Resultate.[5] Die für 25 Zöglinge festgesetzten jährlichen Zulagen von 180 resp. 144 fl.[6] machten freilich ein Einschreiten der Obrigkeit zur Füllung der Schule unnöthig.

[1] K. V. 1862 u. Ber. 1865 p. 150.
[2] Pruys p. 52, 3.
[3] K. V. 1865, 1869/70, 1872.
[4] S. darüber Buys p. 184.
[5] K. V. 1882 p. 98, 1883 p. 98, 1884 p. 92.
[6] Budgetvorlagen Hoofdst. II Afd. V.

Die geringe Neigung der Bevölkerung für die Regierungsschulen bekommt eine merkwürdige Beleuchtung durch den Umstand, dass die Missionsschulen, die lange nicht so reich ausgestattet sind, gut besucht werden, und nicht sowohl in den unabhängigen Gebieten,[1] sondern auch auf Sipirok.[2]

Der vorstehende Exkurs hat gezeigt, dass sich das Verhältniss zwischen der Regierung und den Häuptern durch den Einfluss der mohamedanischen Priester verschlechtert hat, dass die Mission den Widerwillen der Häupter gegen organische Verbesserungen nur verschärfen konnte, und dass der Schulunterricht nicht im Stande war, eine Gegenströmung hervorzurufen.

Betrachten wir jetzt die positiven Maassregeln der Regierung zur Hebung der gesellschaftlichen und wirthschaftlichen Verhältnisse, wie sie durch das Regierungsreglement befohlen waren.

Zunächst die Regelung des Rechtswesens, die schon im Jahre 1856 in Angriff genommen war.[3]

Das Regierungsreglement hatte verlangt, dass in bürgerlichen Streitigkeiten der Inländer die alte inländische Rechtspflege gehandhabt werden solle.[4] Ueber das inländische Strafrecht hatte es geschwiegen: doch war dem Generalgouverneur das Recht zuerkannt, vorbehaltlich der Zustimmung des Rathes von Indien Bestimmungen der europäischen Gesetzgebung, soweit sie dafür geeignet erschienen, verändert oder nicht für die ganze inländische Bevölkerung oder einen Theil davon bindend zu erklären.[5]

Nachdem zwei Kommissäre auf Grund dieser Bestim-

---

[1] K. V. 1873 p. 13.
[2] Buys p. 211.
[3] K. V. 1856.
[4] de Louter p. 263.
[5] de Louter p. 265.

mungen lange vergeblich versucht hatten, einen Modus zur Verbesserung der inländischen Rechtspflege zu finden, der den Intentionen der Regierung entsprach, gelang es dem Gouvernementskommissär der Kinderen,[1] in den Jahren 1864—1866 ein Reglement auszuarbeiten, das im Jahre 1872 die Zustimmung der Regierung davontrug,[2] und wovon man sich die Schöpfung gehörig organisirter Rechtskollegien und einer guten Processordnung versprach.[3]

Für uns ist hauptsächlich der Modus wichtig, wie sich die Regierung in diesem Reglement mit den eingewurzelten Rechtsanschauungen der Inländer auseinandersetzte. Die Antwort ist einfach: Soweit sie das Strafrecht betrafen, schaffte man dieselben einfach ab und führte — was ja das Regierungsreglement erlaubt hatte — das europäische Strafrecht ein, indem man in der Hauptsache bloss an Stelle der Zuchthaus- und Gefängnissstrafe die Strafe der Zwangsarbeit in oder ausser der Kette setzte.[4]

Das bürgerliche Recht der Inländer wurde bloss in soweit verändert, als eine procentuale Erhebung von den bürgerlichen Processen eingeführt und ein Tarif für Rechtskosten aufgestellt wurde.[5]

Um aber einen geordneten Processgang und die Wahrung der strafrechtlichen Bestimmungen möglich zu machen, war ein weiterer tiefeinschneidender Schritt nothwendig: Die Rechtspflege musste den inländischen Häuptern abgenommen und beeidigten Richtern anvertraut werden. Die Häupter verloren damit eine der vordem wichtigsten Einnahmequellen, die Bussen aus den Strafprocessen.[6]

Aber diese Veränderung konnte dadurch mit ihrem Interesse in Uebereinstimmung gebracht werden, dass man die Häupter selbst als Richter vereidigte und dass man die

---

[1] K. V. 1864 p. 50.
[2] de Louter p. 283.
[3] K. V. 1874 p. 61.
[4] de Louter p. 266.
[5] K. V. 1874 p. 61.
[6] K. V. 1874 p. 61.

procentualen Erhebungen von den Processen unter sie zur Vertheilung brachte.[1]

Es gelang denn auch dem Kommissär, sie zur freiwilligen Aufgabe ihrer Ansprüche auf Erhaltung der eigenen Rechteinrichtungen zu bewegen.[2]

Die Rechtspflege wurde nun folgendermaassen geordnet: Kleinere Rechtsforderungen und Uebertretungen wurden den Distriktsgerichten überlassen. Diese wurden gebildet durch das Distriktshaupt als alleinrechtsprechenden Richter und soviele berathende Mitglieder, als der Gouverneur anzuweisen für gut hielt.[3] Die unbedeutendsten Fälle ausgenommen war Berufung gegen die Aussprüche des Distriktrichters gestattet.[4]

Alle Forderungen und Strafsachen, die nicht vom Distriktrichter entschieden werden konnten, wurden den Landschaftsgerichten, den Rapats, überwiesen,[5] von denen in der Abtheilung Mandheling und Angkola sechs eingerichtet wurden, nämlich: eines zu Muara sama für die Oberlande des Natarflusses, eines zu Muara Sepongi für Ulu und Pakanten, eines zu Kotta Nopan für Klein-Mandheling, eines zu Penjabungan für Gross-Mandheling, eines zu Padang Sidempuan für Angkola und eines zu Sipirok für die Landschaft gleichen Namens.

Für die Distrikte am Batang-taro wurde ein Gericht in Batang-taro eingerichtet, dazu eines am Sitz des Residenten zu Siboge für die battasche Umgebung der Tapanuli-Bai.[6]

Diese Rapats erscheinen als ein Ausbau der alten vom Verwaltungsbeamten abgehaltenen Distriktsversammlungen, in denen, wie oben hervorgehoben wurde, der europäische Einfluss auf die Rechtsprechung und den Processgang erfolgreich eingeleitet war.

---

[1] de Louter p. 277.
[2] K. V. 1874 p. 61.
[3] de Louter p. 286.
[4] de Louter p. 275.
[5] de Louter p. 277.
[6] Siehe K. V. 1876, By M. p. 6.

Jetzt hatte man diesem europäischen Einfluss einen gehörigen Unterbau gegeben und ein für allemal eine Rechtsordnung festgesetzt, wie sie den europäischen Rechtsbegriffen entsprach.

Unter dem Vorsitz des Verwaltungsbeamten tagten die durch Kolonialordonnanz als Richter angewiesenen Häupter.[1] Ein rechtskundiger Inländer fungirte als Staatsanwalt,[2] ein Mohamedaner, gewöhnlich ein Priester, war durch den Gouverneur als Beirath für das mohamedanische Recht bei jedem Rapat, ausgenommen dem von Sipirok,[3] angewiesen.[4] Als Gerichtsschreiber waren Europäer angestellt.[5]

Die Berufung ging von diesen Gerichten an den Justizhof, der in Padang eingerichtet wurde.[6]

Ausser diesen inländischen Gerichten wurde aber noch ein Magistratsgericht eingesetzt. Es war dies eine Legitimirung des bisher durch die Praxis entstandenen Frohndengerichts des Verwaltungsbeamten, das, wie wir sahen, im Lauf der 60er Jahre einen beträchtlichen Umfang angenommen hatte. Zugleich mit der Bestrafung von Dienstentziehungen lag diesem Gericht die Wahrung der Polizeivorschriften ob, womit die Verwaltungsbeamten auch bisher schon betraut gewesen waren.[7]

Ende des Jahres 1875 wurde diese neue Regelung des Rechtswesens feierlich eingeführt.[8] Bei der Installirung der Rapats in Kotta Nopan, Penjabungan, Padang Sidempuan

---

[1] Beschl. vom 14. April 1875.

[2] Ein Staatsanwalt, Djaksa, bezieht fl. 960 resp. fl. 1800 jährlich, ein Adjunkt-Djaksa fl. 360.

Im Reg. Almanak von 1884 werden genannt:
ein Hauptdjaksa (in Siboga),
ein Djaksa (in Padang Sidempuan),
sechs Adj.-Djaksas.

[3] Ind. Staatsblatt 1876 Nr. 111.

[4] Ein „Adviseur“ bezieht jährlich fl. 180, der von Siboga fl. 720.

[5] Ein „Griffier“ bezieht jährlich fl. 1800. Nur einer angestellt in Kotta Nopan, s. Reg. Almanak 1884, überall sonst Stellvertreter à fl. 600 jährlich.

[6] de Louter p. 277 u. 286.

[7] de Louter p. 275. 6.

[8] Vergl. K. V. 1871, Couperus p. 67.

und Siboga hielt jedesmal der Resident eine Eröffnungsrede, in welcher ein heilsamer Einfluss der Regelung für die Wohlfahrt und die Entwicklung von Land und Volk in Aussicht gestellt wurde. Die Willkür und das auf unsichere Ueberlieferungen sich stützende Gewohnheitsrecht würden die Entwicklung nicht mehr belästigen.

Und entsprechend diesen Versicherungen enthält der Regierungsbericht über 1881 (p. 56) die Angabe, dass die neue Regelung im allgemeinen befriedigend arbeite, und dass sich mit Sicherheit konstatiren lasse, dass mehr Rechtssicherheit jetzt bestände, da es ja jetzt Rechtsmittel gebe gegen Missbräuche und Willkür. [1]

Mit was für Zwangsmitteln hat man aber dieses Resultat erreicht, das bei einer Politik im Sinne Godons durch die einfache Kontrolle des Beamten zu erreichen gewesen wäre?

Um die Schäden eines für die gesunde Entwicklung nachtheiligen Systems zu verwischen, hat man eben dieses unfertige System kodificirt und den lebendigen Fluss der Strafrechtsentwicklung gehemmt!

Es ist aber noch die Frage, ob wirklich, wie behauptet wird, der Zweck der Regelung erreicht wurde, denn es erscheint sehr zweifelhaft, ob die Häupter ein Verständniss für die Anforderungen der Richterwürde erlangen konnten. Das Recht blieb ja für sie eine Einnahmequelle und zugleich sehen sie täglich, wie die Regierung das Strafrecht für ihre Zwecke auszunutzen versteht. [2]

Dass man beim Volke zu viel Verständniss für das europäische Strafrecht vorausgesetzt hatte, zeigte kurz nach der Regelung eine Anfrage der Behörden an die Regierung,

---

[1] K. V. 1876, By M. p. 6.

[2] In den siebziger Jahren kamen die Sträflinge besonders im Atjinesischen Kriege zu statten. Nach K. V. 1874 By E. bis p. 4 konnte man keine freien Arbeiter für die Expedition bekommen: Alle validen Strafarbeiter wurden damals von der Westküste Sumatras nach Atjeh transportirt.

K. V. 1883 p. 58 besagt: die Anfragen beim Direktor der Justiz in Batavia nach Sträflingen nehmen solche Dimensionen an, dass die vorhandenen Kräfte nicht ausreichen.

ob es nicht gerathen sei, dem Rechtsgefühl der Bevölkerung in manchen Stücken entgegenzukommen.[1]

Unmittelbar nach der Einführung der neuen Rechtsordnung, im Juli 1876, wurde die Loskaufung der Sklaven vorgenommen.[2]

Vom 1. Oktober 1872 an war schon (der Aufforderung des Art. 118 des Regierungsreglements gemäss) die Institution der Schuldhaft, die ergiebigste Quelle der Sklaverei, abgeschafft worden, nachdem schon seit Godons Zeit die Regel geherrscht hatte, dass jeder Eingeborene, der sich in Schuldhaft begab, registrirt wurde.

Trotzdem gab es noch 6647 Sklaven in der Abtheilung,[3] und in diesen bestand der Hauptreichthum der Häupter. Diese hatten sich bereit finden lassen, die Sklaven freizugeben, wenn man ihnen fl. 60 pro Sklave und fl. 30 pro Lubu bezahlen wolle. Dann hatte sich die Regierung verpflichten müssen, bei Gelegenheit der Freilassung an den Hauptorten der Kontrollbezirke kleine Feste zu arrangiren.[4]

Als aber die Zeit der Freilassung herankam, da ward es den Häuptern klar, welch' üblem Tausch sie zugestimmt hatten. Sie verbreiteten darum unter den Sklaven das Gerücht, die Regierung wolle die Männer nach dem Atjinesischen Kriegsschauplatz schleppen und die Weiber zu Huren machen, und der ganzen Festigkeit des Gouverneurs von Sumatras Westküste bedurfte es, um den Loskauf durchzuführen.[5]

Dieses entschiedene Auftreten den Häuptern gegen-

---

[1] K. V. 1877 p. 67.

[2] Man hielt den Zeitpunkt für opportun, da sich die Bevölkerung schon durch Einführung des neuen Rechtswesens mit grossen Veränderungen vertraut gemacht habe.

Ausserdem drängte der Umstand zu der Maassregel, dass das Entfliehen von Sklaven und daraus folgende Auslieferungsfragen viel Last verursachten. K. V. 1874 p. 67.

Letzteres war besonders in Sipirok der Fall: Ber. d. Rh. M. 1870 p. 66.

[3] K. V. 1877 By. L.

[4] K. V. 1876 p. 68.

[5] K. V. 1877 By. L.

über verdient gewiss unsere ganze Anerkennung. Durch den Loskauf[1] wurde eine grosse Klasse der Bevölkerung zu selbständiger Wirthschaft herangezogen.

Man sah bald, wie die befreiten Sklaven ihre früheren Herren verliessen, sich eigene Wohnungen bauten und im Walde zu roden begannen, um trockene Reisfelder anzulegen; einige wurden dazu auf besondere Empfehlung der Beamten durch die Häupter in den Besitz von Kaffeeanpflanzungen gestellt, deren Eigner schon lange den Ort gewechselt oder, ohne Erben zu hinterlassen, gestorben waren.

Die Lubufamilien, die bisher vom gepflanzten Kaffee nur einen Theil des Werthes und vom gepflanzten Reis nur $^1/_3$ oder $^1/_4$ der Ernte empfangen hatten, zeigten sich durch die Freierklärung zu erhöhtem Eifer besonders in der Kaffeeproduktion angespornt, und die Regierung durfte aus diesem Umstand Hoffnungen für ihr Einkaufsmonopol ziehen.[2]

Dass die früheren Sklaven trotz der im Ind. Staatsblatt 1876 Nr. 246 betonten Vollständigkeit der Freilassung in Wirklichkeit nicht gleich als voll würden angesehen werden,

---

[1] Ueber die Kosten vergl. K. V. 1877 By L.:

In den Batang-taro Distr. 186 Sklaven kosten	fl. 10 680. —	
Volksfeste	„ 466. 70	
		fl. 11 146. 70
In Angkola 2280 Sklaven kosten	fl. 132 400. —	
Feste	„ 892. 95	
		fl. 133 292. 95
In Sipirok 693 Sklaven kosten	fl. 46 480. —	
Feste	„ 694. 25	
		fl. 47 174. 25
In Gr.-Mandheling 844 Sklaven kosten	fl. 53 850. —	
2000 Lubus „	„ 60 000. —	
Feste	„ 661. 45	
		fl. 114 511. 45
In Klein-Mandheling, Ulu u. Pakanten 830 Sklaven kosten	fl. 52 960. —	
Feste	„ 528. 50	
		fl. 53 488. 50
	Gesammtkosten	fl. 359 613. 85

[2] K. V. 1877 p. 75.

was besonders für die jungen Mädchen traurige Folgen hatte,[1] muss als eine ganz natürliche Erscheinung angesehen werden. Bedenklich war aber, dass die Loskaufung der Sklaven einen Eingriff in die Wirthschaft der Häupter bedeutete, von deren gutem Willen die Beamten wegen der Frohndenforderung immer noch abhängig waren.

Zwar wurde bald nach der Freilassung versichert, dass die Furcht der Häupter, sie würden bei Festen, Begräbnissen etc. keine Leute bekommen können, die die Rolle der Sklaven erfüllen wollten, sich als unbegründet erwiesen habe; aber zugleich wurde anerkannt, dass die Abschaffung eine Verschlechterung in der Lage der Häupter, besonders auch in ihrem Ansehen verursache.[2]

Mussten diese wegen ihrer Pflichten gegenüber der Regierung sich nicht für berechtigt halten, nach neuen Stützen ihres Ansehens zu spähen?

Und mussten sie nach dem Verlust ihrer Arbeitskräfte nicht nach andern Mitteln ausblicken, um ihre Felder bearbeiten zu lassen? Sie arbeiteten selber nicht. Das Geld, das sie für die Sklaven empfangen hatten, war bald verthan; soll man glauben, dass die Häupter sich principieller zeigten als die Regierung und ihre Felder seitdem im Taglohn bearbeiten liessen?

Wie die Verhältnisse in unseren Distrikten schlecht waren für Reformen in sittlicher Beziehung, so waren sie auch den Bestrebungen der Beamten im Interesse des Reisbaues und neuer Kulturen ungünstig.

Was den Reisbau betrifft, so wurde zwar die Ausdehnung der Sawahkultur mit Erfolg fortgesetzt.

Im Jahre 1858, also gleich nach Godons Abreise, hatte der grosse Rapat von Mandheling im Gegensatz zur Adat bestimmt, dass jeder ein unbenutzt liegendes Stück Land für den Sawahbau heranziehen dürfe, wenn die Gemeinde oder das betreffende Haupt ihren Anspruch darauf nicht binnen eines bestimmten Termins zur Geltung gebracht habe, indem sie es selbst zur Kultur benutzten.

---

[1] Sie hatten alle Aussicht, ledig zu bleiben. Buys p. 188.

[2] K. V. 1877 p. 76.

Schon 1859 konnte man konstatiren, dass diese Bestimmung günstige Folgen habe für die Ausbreitung der Reiskultur. [1]

Der Regierungsbericht von 1861 meldet die Anlage verschiedener neuer Wasserleitungen.

Die fortwährende Ausdehnung des Reisbaues in Gross-Mandheling und den Reisexport von dort nach Osten bezeugen die Berichte von 1861 und 64.

Die Anlage einer neuen Wasserleitung in Angkola, wodurch 300 Bouws Land = 200 Hektare in Sawahs verwandelt wurden, meldet der Regierungsbericht von 1871.

Aber zu derselben Zeit wurde über die Technik des Sawahbaues geklagt.

Der Regierungsbericht von 1874 meldet (p. 207): Die Bearbeitung der Sawahs, die durch Frauen und Pfandleute geschieht, lässt noch viel zu wünschen übrig. Bislang blieben alle Bemühungen der Verwaltung, um an Stelle der mangelhaften Werkzeuge den Pflug einzuführen, fruchtlos. Rühmliche Ausnahme macht ein Kuriahaupt in Ober-Angkola, das auch eine neue Pflanzmethode acceptirte. Aber der folgende Jahresbericht meldet zu den Erfolgen dieses Hauptes (p. 195): Wenngleich die Bevölkerung erkennen musste, dass die gewonnenen Resultate nur von der Pflanzweise herrührten, schien doch die Mühe zu bedeutend zu sein, um gleich zu der verbesserten Pflanzweise überzugehen.

Aus der mehrerwähnten Reisebeschreibung aus dem Jahre 1879 geht auch hervor, dass der Batta immer noch eine lebhafte Vorliebe für den Reisbau auf trockenen Feldern besitzt.

Aus Sipirok wird denn auch aus dem Jahre 1879 gemeldet, dass Nahrungsmangel eingetreten sei, nicht bloss wegen der durch Insekten verursachten Schäden, sondern auch weil bei anhaltender Trockenheit der Reisbau auf Ladangs wenig ausgebreitet werden konnte.

Was sonstige Kulturen betrifft, so hatte Godon mit Erfolg die Kokoskultur zu befördern gewusst.

---

[1] K. V. 18.9.

Diese Kultur war damals wegen der Nachfrage nach Kokosöl auf europäischen und amerikanischen Märkten und wegen des zunehmenden Consums dieses Brennstoffs unter den Inländern recht vortheilhaft;[1] auch blieb sie es noch so lange, bis das seit 1859 in den Weltverkehr eingeführte Petroleum sich völlig Bahn gebrochen hatte;[2] erst seit einigen Jahren wird dieses auch schon von den ärmeren Inländern verbraucht.[3]

Godon hatte die Anpflanzung von Kokospalmen in den Dörfern so sehr befördert, dass er nach seiner Abreise versichern konnte, in der ganzen Ausdehnung der Abtheilung Mandheling und Angkola treffe man bei jedem Hause einige Kokospalmen an. Ausserdem waren auf seine Veranlassung Kokosgärten angelegt worden, so dass es 1857 in Mandheling und Angkola reichlich 110 000 Kokospalmen gab, wovon fast die Hälfte schon Frucht trugen.[4] Im Regierungsbericht von 1861 wird denn auch gemeldet, dass von Gross-Mandheling Kokos schon ausgeführt würden, während nicht lange Zeit vorher noch Einfuhr nöthig gewesen sei.

In der Folge aber entwickelte sich diese Kultur nicht in erwünschter Weise.

Der Bericht von 1865 besagt: Kokospflanzungen in den Dörfern werden bloss in dem Distrikt Gross-Mandheling angetroffen. Auch hier bedarf es aber noch der Ermuthigung und der Anspornung für die Kultur.

1872 wird gemeldet: Seit den letzten zwei Jahren beginnt die Bevölkerung sich mehr und mehr um die Kokoszucht zu bekümmern. Doch ist die Bereitungsweise des Oels mangelhaft und deshalb die Qualität gering.

Aber zu gleicher Zeit, wie auch im Bericht des folgenden Jahres, wird versichert, dass nach Mandheling Kokos von der benachbarten malaiischen Landschaft Rau und von der Insel Nias eingeführt würden.

---

1 K. V. 1856 u. 62.

2 Scherzer p. 583 f.

3 K. V. 1880 By KKK.

4 Godon p. 21.

Seit Anfang der siebziger Jahre wandten sich die Bemühungen der holländischen Beamten besonders der Einführung der Kinakultur zu.

Der Boden schien hier für die Anpflanzung der durch ihre Rinde so werthvollen Kinabäume vorzüglich geeignet zu sein. [1]

Dem entsprechend gab es trotz mannigfacher Enttäuschungen Ende 1874 413 prächtig aufgeschossene Kinabäumchen. [2]

Aus Klein-Mandheling wurde 1876 berichtet, dass eine Pflanzung von 200 Bäumchen geglückt sei, [3] und wenn auch im Jahre 1878 [4] über die schädlichen Wirkungen eines Insekts in Gross- und Klein-Mandheling geklagt wird, in Folge dessen die neuen Anpflanzungen missglückten, so wird dadurch doch noch nicht die Unmöglichkeit der Kinakultur in unseren Gebieten erwiesen, zumal da nicht bloss in Mandheling, sondern auch in Ober-Angkola und Pakanten Kinaanpflanzungen erwähnt werden. [5]

Die Bemühungen der Beamten scheiterten denn auch nicht an den territorialen Verhältnissen, sondern an der Stimmung der Bevölkerung.

Im Gegensatz zu der Bemerkung des Regierungsberichts von 1876, dass die Kinakultur bei der Bevölkerung von Klein-Mandheling sehr beliebt sei, und dass diese schon die Blätter als Arzneimittel benutze, [6] wird nämlich im Regierungsbericht von 1878 p. 201 versichert, dass Häupter und Bevölkerung sich wenig für die Kinakultur interessirten. Dasselbe wird im Regierungsbericht von 1879 wiederholt und im Regierungsbericht von 1883 p. 202 heisst es: Der Batta geht nirgends dazu über, um Kina für eigene Rechnung zu pflanzen. Trotz der anhaltenden Bestrebungen der Beamten gelang es auch im Jahre 1883 nicht, die Häupter

[1] K. V. 1871 p. 193.
[2] K. V. 1875 p. 197.
[3] K. V. 1876 p. 197.
[4] K. V. 1878 p. 201.
[5] K. V. 1877 p. 213.
[6] p. 197.

und die Bevölkerung vom Nutzen der Kinakultur zu überzeugen und ihnen ein Interesse an der Kultur einzuflössen.[1]

Diesen Misserfolgen der Regierung in Bezug auf die Steigerung der Produktionslust der Bevölkerung und Erzielung werthvoller Tauschobjekte entspricht auch der Charakter des Handels.

Die Märkte an den Hauptplätzen werden zwar stark besucht.[2] Im Lauf des Jahres 1874 wurden auch an verschiedenen kleineren Plätzen Märkte eröffnet.[3] Ein reger Import an Pferden und Vieh findet aus den unabhängigen Gebieten statt.[4] Malaiische und mandhelingische Händler[5] bieten ausser dem Salz alle möglichen Artikel europäischen Ursprungs: Garn, Nadeln, Messer und andere eiserne Geräthe, Spielereien und Zierrathe aller Art, schwedische Zündhölzer und vor allem gefärbtes Kattun- und Weisszeug in ihren Buden feil.[6]

Aber womit bezahlen die Battas diese Gegenstände? Wohl bringen sie einjährige Baumwolle, die sie mit Rücksicht auf den Export pflanzten, und die in den benachbarten Gebieten zum Weben verwandt wird, zu Markt,[7] wohl bringen sie dahin auch das Geld, das der Aufkäufer ihnen für den überschüssigen Padie und Reis, sowie für die Sammelprodukte des Waldes, wie Rottan, Gummi, Harz, Wachs, Kampfer, Benzoë zahlte,[8] aber die Baumwollproduktion ist nicht von Bedeutung,[9] und die Thätigkeit des Sammelns, die Godon mit Erfolg auf das Gummi Elasticum und Guttapercha gelenkt hatte,[10] wird als relativ unbedeutend hingestellt.[11]

---

1 K. V. 1884 p. 193.
2 K. V. 1874 p. 228.
3 K. V. 1875 p. 214.
4 K. V. 1876 p. 197, 1878 p. 201.
5 K. V. 1874 p. 228.
6 Buys p. 180.
7 K. V. 1863, 1864, 1871 u. 1874.
8 K. V. 1874 p. 228.
9 K. V. 1876.
10 Godon p. 22.
11 K. V. 1874 p. 209.

Das Geld, womit das Vieh gekauft wird, entstammt in der Hauptsache den Verdiensten aus der Kaffeelieferung,[1] und an dem Auf- und Absteigen der Leinwandpreise je nach dem Ausfall der Kaffeeernte[2] ist ersichtlich, dass dasselbe auch mit den Summen der Fall ist, die für die Leinwand ausgegeben werden.

Zu diesem relativen Stillstand in Kulturen und Handel hat ohne Frage die Art und Weise beigetragen, wie sich die Regierung der Verbesserung der nach den Küsten führenden Strassen gegenüberstellte.

Es wurde oben schon hervorgehoben, dass Godon 1857 einen Plan für eine Brücke über den Batang-toru nach Padang eingesandt habe; diese Brücke sollte die alte schwankende Rottanbrücke, die alle paar Jahre erneuert werden musste und die nur zu Fuss passirbar war, ersetzen. Ueber zwanzig Jahre hat man mit der Ausführung dieses Projektes gewartet, und im Jahre 1879 erst wurde eine starke hölzerne Brücke über den Fluss gelegt.[3]

Die ganze Zeit seit Godons Abreise ist auch nichts geschehen, um die Wege zur Küste, die doch nur erst für Karrentransport hergestellt waren, zu Handelsstrassen auszubauen.

An einem Anlauf dazu von Seiten der Beamten hat es freilich nicht gefehlt.

Schon Godons Nachfolger hatte den Plan gefasst, den Weg nach Natar derartig zu verbessern, dass er als Handelsweg gebraucht werden könnte. Die Regierung konnte dann vom Transportunternehmer unabhängiger werden und den Kaffee billiger transportiren lassen. Er hatte die Sache mit allem Ernst in Angriff genommen, ein Tracé war schon gemacht, es fehlte nur noch die Zustimmung des Gouverneurs. Aber diese blieb aus. Der Grund war sehr einfach: Der Resident von Siboga war dagegen, obgleich er die Sache

---

[1] Vergl. Buys p. 214.
[2] Vergl. K. V. 1883 p. 227 u. K. V. 1884 p. 222.
[3] Buys p. 230.

gar nicht untersucht hatte, und liess die Pläne in einer Ecke des Archivs verstauben.[1]

So sind die Wege zur Küste nach wie vor mühsam geblieben, und wenn das Boot des Händlers von Lumut oder Tapus aus dem Hafenplatz zufährt, muss nach wie vor die Mannschaft ihm den Weg suchen durch die Felsblöcke, die aus dem Bett hervorragen, und mit Sägen eine Fahrt öffnen durch die Baumstämme, die vom Hochwasser umgerissen die Ströme versperren.

[1] Pruys 45.
[2] Vergl. Buys p. 239.

SCHLUSS.

Aus der vorstehenden Betrachtung der holländischen Kolonialpolitik der letzten dreissig Jahre in den Battaländern geht hervor, dass die für die zukünftige Besteuerung der Distrikte wünschenswerthe gesellschaftliche und wirthschaftliche Hebung des Volkes durch die Ausführung der Bestimmungen des Regierungsreglements von 1854 nicht erreicht worden ist.

In Anbetracht der Aussicht, dass der Mangel an geeigneten Feldern für die Kaffeekultur im Dienste der Regierung sich in den nächsten Jahren immer fühlbarer machen wird, erscheint dieses Resultat als sehr bedenklich: Denn auch das Mittel, sich durch Verpachtung von wüstliegenden Strecken an Privatpflanzer neue Einnahmen zu verschaffen, verspricht wegen der schlechten Kommunikationsverhältnisse nach der Westküste zu und bei der Trägheit der Eingeborenen keine günstigen Resultate.

Seit dem Anfang der siebziger Jahre hat die Regierung auf dieses Mittel ihr Augenmerk gerichtet. Im Jahre 1870 nämlich war in der Zweiten Kammer der Gesetzentwurf des Ministers de Waal angenommen worden, welcher dem Wunsch der Liberalen nachkam und unter gewissen, die Rechte der Eingeborenen garantirenden Bestimmungen die Ausgabe wüstliegender Strecken in Erbpacht gestattete.[1]

Nachdem sich die indische Regierung in unseren Gebieten davon überzeugt hatte, dass die Bevölkerung ihr

---

[1] de Louter p. 373.

die Inbeschlagnahme des wüstliegenden Landes nicht übel nehmen und dem Einkaufsmonopol aus dem Betriebe von Privatpflanzungen kein Schaden erwachsen würde,[1] ging sie im Jahre 1874[2] dazu über, auch in den Battadistrikten Unternehmern die Ausbeutung unbewohnter Strecken zu ermöglichen.

Aber schon die Beamten, welche die Enquête leiteten, sprachen ihre Zweifel darüber aus, ob sich Private unter den obwaltenden Verhältnissen an die Aufnahme der Arbeit wagen würden.[3]

Dies ist denn auch nur in einem Falle, und zwar durch Anlage einer Kaffeeplantage in Ober-Angkola geschehen, wo die Dichtigkeit der Bevölkerung und die relative Nähe der Westküste den Versuch zu begünstigen schien.

Die Kommunikationsverhältnisse wurden allerdings durch den Bau der Batang-toru Brücke im Jahre 1879 wesentlich verbessert; aber mit der Heranziehung von Battas zur Arbeit im Kaffeegarten hatte man bis 1879 so viel Schwierigkeiten,[4] dass man dazu überging, von der benachbarten Insel Nias für theures Geld Arbeitskräfte einzuführen.[5]

Zu alledem kommt noch, dass die Kaffeeproduktion

---

[1] Der Bericht besagte mit Rücksicht auf den ersten Punkt (résumés p. 65): Die Inländer stimmen mit wenigen Ausnahmen darin überein, dass die Regierung ein Recht auf den unbebauten Grund und Boden nicht besitze. Doch erkennt ebenso jeder Inländer, dass die Regierung dumm sein würde, wollte sie sich nicht des Rechtes des Stärkeren bedienen und den Boden nicht für sich beanspruchen, wogegen man natürlich nichts machen könne.

Der Bericht (Résumés p. 81) besagt ferner: Das Princip des Kaffeemonopols von vorn herein unverträglich zu halten mit neuen Zuständen, geht wohl nicht an.

Kaffeeaufkäufe, d. h. Schmuggel im grossen, dürften von Unternehmern nicht zu befürchten sein.

[2] K. V. 1874 p. 96.

[3] Résumés p. 76.

[4] K. V. 1880 By KKK.

[5] Die Kulies von Nias vermiethen sich für 6 Monate gegen fl. 0,40 und 0,50 pro Tag. Siehe K. V. 1884 p. 194.

während der letzten 30 Jahre gesunken ist[1] und zwar als Folge der im letzten Theile geschilderten Politik.

Nicht etwa dass die Regierung seit Godons Zeit der Kaffeekultur geringere Liebe zugetragen hätte.

Die nördlichen Theile, deren Bevölkerung im Laufe der Zeit immer mehr stieg, wurden seit Ende der fünfziger Jahre erst recht zur Kaffeeproduktion herangezogen,[2] so dass zwischen der Produktion der südlichen und nördlichen Theile jetzt etwa das Verhältniss von 9 : 7 besteht,[3] und die von 1863 bis 1872 angegebenen Ziffern der fruchttragenden Kaffeebäume beweisen auch eine stetige Ausdehnung für diese erste Zeit.[4]

---

[1] Der Ertrag des Jahres 1857 wurde annähernd nur im Jahre 1864 wieder erreicht mit 26 509 Pikul, siehe K. V. 1869/70 By. T T. Danach ergab die höchste Ziffer das Jahr 1874 mit 20 141 Pikul, siehe K. V. 1875 p. 196. Die übrigen Ziffern sind alle unter 20 000 Pikul, heruntergehend (1869) bis auf 11 386 Pikul. Siehe K. V. 1871 By. 99.

Die Ziffern seit 1879 waren (siehe den Text der K. V.) 15 120, 15 061, 14 746, 14 113, 19 286 und 16 958 Pikul.

[2] Die Einsetzung eines Kontrolleurs auf Sipirok geschah ausgesprochenermaassen mit der Nebenabsicht, die Kaffeekultur in diesem Theile recht zur Geltung zu bringen (K. V. 1875), p. 78 und Buys versichert p. 213, dass auf Sipirok der Kaffeebaum ungemein glücklich gedeihe. Es würden hier jährlich 5000 und mehr Pikul geerntet.

[3] K. V. 1882 By. P.

[4] Während es im Jahre 1851 nach Godon (p. 18) 2 952 081 fruchttragende Bäume gab, erntete man

1863	von	3 392 200	Bäumen	K. V. 1869/70 By. TT.
1864	„	3 930 900	„	
1865	„	3 729 400	„	
1866	„	4 061 600	„	
1867	„	3 981 500	„	
1868	„	3 981 500	„	
1869	„	4 365 948	„	siehe K. V. 1871 By. 99.
1870	„	4 599 951	„	
1871	„	5 003 565	„	siehe K. V. 1872 By. SS.
1875	„	5 152 544	„	siehe K. V. 1873 By. 99.

Die Zahlen der Totalsummen der Kaffeebäume sind bedeutend höher: ± um 2 000 000.

Zählungen der fruchttragenden Bäume waren möglich, weil überall in regelrechten Gärten gepflanzt wurde, ausgenommen in Nieder-Angkola seit 1865. Siehe K. V. 1869/70 By. TT.

Seit 1875 aber ist die Kaffeekultur vollends ein Gegenstand der lebhaften Fürsorge von seiten der Regierung geworden.

In diesem Jahre verwarf nämlich die zweite Kammer den Antrag auf principielle Verurtheilung der Zwangs-Kaffeekultur, welcher von einer Kommission eingebracht war, die sich mit den Resultaten einer von 1865—1870 stattgehabten Enquête beschäftigt hatte.[1]

Die Kammer hatte dadurch anerkannt, dass die Kaffeekultur für die Finanzen des Staates nothwendig sei, und schon 1876 sehen wir einen Regierungskommissär die Berglande von Sumatras Westküste bereisen, um Mittel zur Hebung der Kaffeeproduktion aufzufinden. Dass die Zupflanzungen in den letzten Jahren aufgehört haben sollten, ist also durchaus nicht wahrscheinlich.[2]

Auch an den Einfluss von Witterungsverhältnissen können wir bei der Erklärung des Niedergangs der Produktion nicht denken. Denn, können die Differenzen der Erträge in den verschiedenen Jahren auch zum grossen Theil den wechselnden Witterungsverhältnissen zugeschrieben werden,[3] so lässt sich dadurch doch nicht erklären, dass im Durchschnitt 250 Bäume zur Hervorbringung desselben Ertrages nöthig waren, der im Jahre 1857 mit 105 Bäumen erzielt war.

Das Sinken der Produktion muss daher den wirthschaftlichen Verhältnissen zugeschoben werden, und das ist um so bemerkenswerther, als seit Godons Zeit die Procente der Häupter auf fl. 0,80 (Silber) erhöht wurden und der Preis für den Kaffee auf fl. 14 für den Pikul stieg.[4]

---

[1] de Louter p. 418.

[2] Im Regierungsbericht von 1878 p. 200 findet sich z. B. die Notiz, dass im Jahre 1877 646 618 Bäume zugepflanzt seien.

[3] Im Jahre 1872, wo man 15 235 Pikul erntete, warfen im Februar und März NO-Winde viele Blüthen und junge Früchte nieder. K. V. 1873 p. 240. Im Jahre 1871 dagegen, wo man mit dem Wetter zufrieden sein konnte (K. V. 1872), wurden 18 365 Pikul geerntet.

[4] Siehe Budgetvorlagen Hoofdst. II Afd. IV.

Ausgeschlossen erscheint bei der Erklärung des Niedergangs die Annahme, dass die Bevölkerung die Lust zum Kaffeebau verloren habe oder dem Verkaufs-Monopol der Regierung feindlich gesinnt sei.

Der Regierungsbericht von 1872 meldet geradezu[1]: In Gross- und Klein-Mandheling nimmt die Anzahl freiwilliger Pflanzungen zu. Dasselbe wird für Sipirok erhärtet durch Dr. Schreiber in Peterm. Mitth. 1876 p. 67. Auch wurde Anfangs der siebenziger Jahre berichtet,[2] dass in reichen Kaffeegegenden Personen ihren Unterhalt darin fänden, dass sie Kaffeepflanzungen für die Hälfte des von der Regierung bezahlten Preises besorgten. Dieselbe Quelle erwähnt ferner, dass die Battas im allgemeinen weit entfernt seien, die Verpflichtung zum Verkauf des Kaffees an die Regierung als etwas für sie Ungünstiges anzusehen, da sie wohl wüssten, dass sie sonst eine Steuer in Geld würden bezahlen müssen. Endlich fände man, dass in den Gegenden, aus denen der beste Kaffee komme, der Batta mit einem gewissen Stolz auf den hohen Preis hinweise, den sein Kaffee aufgebracht habe.

Da die Resultate der im December des Jahres 1884 angestellten Enquête nach dem Zustande der Kaffeekultur noch nicht veröffentlicht sind,[3] müssen wir uns begnügen, den seit Godons Abgang zu so grossem Schaden der allgemeinen Entwicklung veränderten Geist bei den Häuptern und den Mangel an Energie bei der Bevölkerung als Grund auch des Niedergangs der Kaffeekultur anzunehmen.

Einzelne Notizen, die vielleicht zur Aufklärung beitragen können, mögen hier noch Platz finden.

Im Jahre 1865 wurde die Erfahrung gemacht, dass vielfach zu dicht gepflanzt wurde, so dass die Bäume sich nicht entwickeln konnten und das Pflücken erschwert wurde.[4]

Im Jahre 1871 wurde eine bessere Kontrolle der Häupter bei der Arbeit in den Gärten für nöthig befunden.[5]

---

[1] p. 181.
[2] Résumés p. 81.
[3] vergl. K. V. 1885 p. 193.
[4] K. V. 1865.
[5] K. V. 1871 p. 191.

Im Regierungsbericht von 1874 wird erwähnt, dass die Arbeit in den entfernter vom Dorf gelegenen Gärten zurückstehe hinter der in nahe gelegenen.[1]

Ein scharfes Schlaglicht fällt auf die Vorgänge bei der Ablieferung des Produktes durch die Zeichnung, welche die Sumatra-Zeitung im Oktober des Jahres 1884 vom Kaffeepackhausmeister entwarf, der mit 20 fl. Monatsgehalt es fertig bringt, in kurzer Zeit ein schönes Haus sich erbauen und Wagen und Pferde halten zu können.

Das Sinken der Kaffeeproduktion hat nun freilich nicht zur Folge gehabt, dass die holländische Regierung bei der Verwaltung der Battadistrikte Gelder zuzusetzen hat.

Eine Reihe von schwer analysirbaren Verhältnissen, die wohl mit dem Klima, den Witterungsverhältnissen, der Bodenart zusammenhängen, haben zur Folge gehabt, dass die Kaffeebohnen aus unseren Distrikten Eigenschaften aufweisen, die sie auf dem Markte, vorzüglich dem amerikanischen, besonders beliebt machen. Der Mandheling-Kaffee färbt sich von allen Sumatra Sorten am schönsten und beim Färben schwillt die Bohne an, sodass ihr Werth noch steigt. Der Angkola-Kaffee hat diese Eigenschaften nahezu in gleichem Maasse, und so kommt es, dass in den letzten Jahren oft aus Amerika Aufträge, diese Sorten zu jedem Preise aufzukaufen, in Padang einliefen. Das geringe Angebot an Kaffee that natürlich das Seinige, um die Preise unter diesen Verhältnissen hinaufzuschrauben, und so wurde in den letzten vier Jahren für den Pikul Angkola-Kaffee im Durchschnitt fl. 47.65 und für Mandheling-Kaffee fl. 52.48 bezahlt.[2] Das macht für die letzten vier Jahre bei einem Durchschnittsertrag von 7119 Pikul Angkola- und 9153 Pikul Mandheling-Kaffee eine Jahreseinnahme von fl. 819.569,79 für die Regierung allein aus den Kaffee verkaufen.

Dazu kommen die Gewinne der Regierung aus der Opiumpacht, aus dem Salzmonopol für Mandheling, aus dem Salzzoll für die nördlichen Theile,[3] aus den Ein- und Aus-

---

[1] K. V. 1874 p. 208.

[2] Snelleman N. R. C. 19. Febr. 1886.

[3] vergl. p. 52, 3.

fuhrzöllen an den Häfen Natar und Siboga und aus den übrigen, geringfügigeren Einnahmequellen.[1]

Die Produktionskosten des Kaffees, die Ausgaben für die militärische Besatzung und die Civilverwaltung, sowie für alle vom Regierungs-Reglement geforderten Verbesserungen reichen an eine solche Summe nicht entfernt heran.[2]

Ganz abgesehen von den Einnahmen der Regierung aus den übrigen Quellen, zu deren Berechnung die nöthigen Hülfs-

---

[1] so: die Spirituosen-, Spiel-, Schlacht (Schweine-) und Leihhauspacht.

Die Personalsteuer für Europäer und asiatische Fremde, = eine Konsumsteuer (de Louter p. 193).

Die Patentsteuer für dieselben (richtiger Einkommensteuer, siehe de Louter p. 194).

Die Gewerbesteuer für asiatische Fremde (vergl. K. V. 1878 p. 171).

Die Steuer von liegenden Gütern (Verponding, siehe de Louter p. 190).

[2] Die Produktionskosten des Kaffees stellen sich in der Hauptsache zusammen aus:

1) Kosten des Kaffees: fl. 14 den Pikul; macht auf 16276 Pikul (Durchschnitt der letzten 4 Jahre)	fl. 227.864
2) Procenten für die Häupter: 16276 × 0,80 .	fl. 13.020,80
3) Transportkosten (vergl. K. V. 1882 By P.):	
von Tanah-Batu nach Padang: für 9153 Pikul à fl. 3,984	fl. 36.465,55
von Padang Sidempuan nach Padang: für 7119 Pikul à fl. 4,005	fl. 28.511,69
4) Unterhalt der Transportwege . . .	fl. 20.740
	fl. 346.602.04
Für Transporte im Inland und Besoldungen ein Maximum von	fl. 3.397.96
macht Produktionskosten	fl. 350.000.

In Anbetracht, dass ein Resident fl. 12000,
ein Assistent Resident fl. 7200 kostet,
vergl. Budgetvorlagen Hoofdst. II Afd. IV.
dass die Gerichte (Rapats) fl. 13.920 kosten,
vergl. Budgetvorlagen Hoofdst. II Afd. II und Reg. Almanak von 1884, und dass das Seminar zu Padang Sidempuan gemäss Budgetvorlage für das laufende Jahr Hoofdst. II Afd. V fl. 17.710 kostet,
Alles zusammen . . . fl. 50.830,
können wir annehmen, dass die Verwaltungskosten der Battadistrikte jedenfalls die Summe von fl. 69.569.79 nicht weit übersteigen werden,

mittel fehlen, können wir annehmen, dass die Regierung von den acht durch den Verkauf des Kaffees erzielten Tonnen Goldes nach Abzug aller Kosten noch an die vier Tonnen Reingewinn übrig behält.

Was für eine Mahnung geht aber aus dieser Thatsache für die Regierung hervor?

Da sie die hohen Preise nur einer wahrscheinlich vorübergehenden Vorliebe Amerikas für die äusseren Eigenschaften der Bohnen verdankt,[1] und da die natürlichen Verhältnisse die Kaffeekultur im Dienste der Regierung zu bedrohen scheinen, muss die Regierung in diesem Markterfolg einen Sporn sehen, das Versäumte nachzuholen und noch zu bessern, was zu bessern ist!

Die neuerliche Ausbreitung der niederländischen Herrschaft in den Battaländern scheint auch einen neuen Aufschwung der Kolonialwirthschaft in diesen Theilen zu begünstigen.[2] Wurde sie auch nicht in erster Linie von wirthschaftlichen Gesichtspunkten getragen, so versprechen doch die aus politischen Rücksichten unterworfenen Gebiete reichliche Vergeltung für die aufopfernde Bemühung einer europäischen Regierung zur Entwicklung der Kräfte von Land und Volk.

---

sodass	Kaffeepreis =	fl. 350.000	
	Verwaltung =	fl. 69.569,79	
		fl. 419.569,79	von
		fl. 819.569,79	
		fl. 400.000	als Reingewinn vom

Kaffee übrig bleiben dürften.

[1] Snelleman a. a. O.

[2] Die Verpflichtung der Regierung von Siboga, für die Sicherheit der Missionare im oberen Thale des Batang-toru einzustehen, führte zur friedlichen Einverleibung des Thalgebietes des Batang-toru, eines Plateaustreifens nördlich vom Dolok Dsaut und des Berglandes zwischen dem Batang toru und der Bai: der neuen Unter-Abtheilung Silindong. K. V. 1872 p. 8, 1878 p. 11. Ind. Staatsblatt 1879 Nr. 22.

Die Beunruhigungen der Regierung in Mandheling und Angkola und an der Ostküste (wo die Regierung den Küstenstrich besass) durch die unabhängigen battaschen Nachbarn, siehe K. V. 1871, 1872 p. 8 und 11 und 1873, führten zur friedlichen Einverleibung der Padang lawas und der südlich und nördlich angrenzenden, östlich von der

Für die Einleitung einer solchen kraftvollen Thätigkeit ist es als ein nicht geringer Vortheil zu achten, dass in den nördlichen von Holland erworbenen Theilen — bis an das Südufer des Tobasees — das Christenthum einen festen Boden schon gewonnen hat,[1] und dass, wie diese Theile durch die rheinischen Missionare, so die östlichen durch die ernste Arbeit eines holländischen Beamten,[2] in ihren territorialen und socialen Verhältnissen auf das sorgfältigste schon erforscht sind.

Der Resident von Tapanuli, dessen Sitz seit dem vorigen Jahre nach Padang Sidempuan verlegt ist,[3] könnte, in direkte Beziehung zu einer aufmerksam den Bedürfnissen der Provinzen lauschenden, finanziell selbständigen indischen Oberverwaltung gestellt, zum Verbesserer werden alter Schäden und zum Begründer einer neuen, der europäischen Intelligenz würdigen Entwickelung.

Der Leser aber, der vier Jahrzehnte holländischer Kolonialwirthschaft an sich vorüberziehen sah und bekannt gemacht wurde mit der traurigen Systemlosigkeit der neueren holländischen Kolonialpolitik wird — auch im Hinblick auf die gegenwärtige allgemeine Finanznoth der niederländischen Kolonieen — mit dem Verfasser sich Zweifeln nicht verschliessen können über die Wahrscheinlichkeit einer solchen Zukunft.

Indess nicht auf Künftiges vorzubereiten, sondern Vergangenes aufzudecken und das Gegenwärtige zu erklären, war die Aufgabe dieser Schrift.

Wasserscheide gelegenen Gebiete, der neuen Unter-Abtheilung Padang lawas. Siehe Ind. Staatsblatt 1879 Nr. 22.

Die Beunruhigungen der Verwaltung von Silindong durch die Battas des Plateaus südlich vom Tobasee: K. V. 1881 p. 9, K. V. 1883 p. 7, führten zunächst zu einer Erweiterung der Unter-Abtheilung Silindong, K. V. 1881 p. 9, Ind. Staatsblatt 1881 Nr. 96 und 1882 Nr. 214, ferner zur friedlichen Einverleibung einiger Landschaften südlich vom Tobasee, K. V. 1882 p. 8, K. V. 1883 p. 8, der neuen Unter-Abtheilung Toba. Siehe Ind. Staatsblatt 1882 Nr. 132, 1883 Nr. 39.

[1] Zweiter Besuch. Ber. 1885 p. 103.

[2] Neumann.

[3] K. V. 1885 p. 67.

Während meiner Abwesenheit vom Druckorte wurde durch ein Versehen des Lithographen eine von mir auf Tafel I oben links angebrachte Korrektur des nördlichen Tobasees mit in die Karte aufgenommen.

Ich bitte, diesen in das Meer gezeichneten See bei der Betrachtung nicht zu berücksichtigen.

DER VERFASSER.

Taf: I. *Die* BATTALÄNDER *auf* SUMATRA

bersichtskarte nach den neuesten Quellen

00 000.

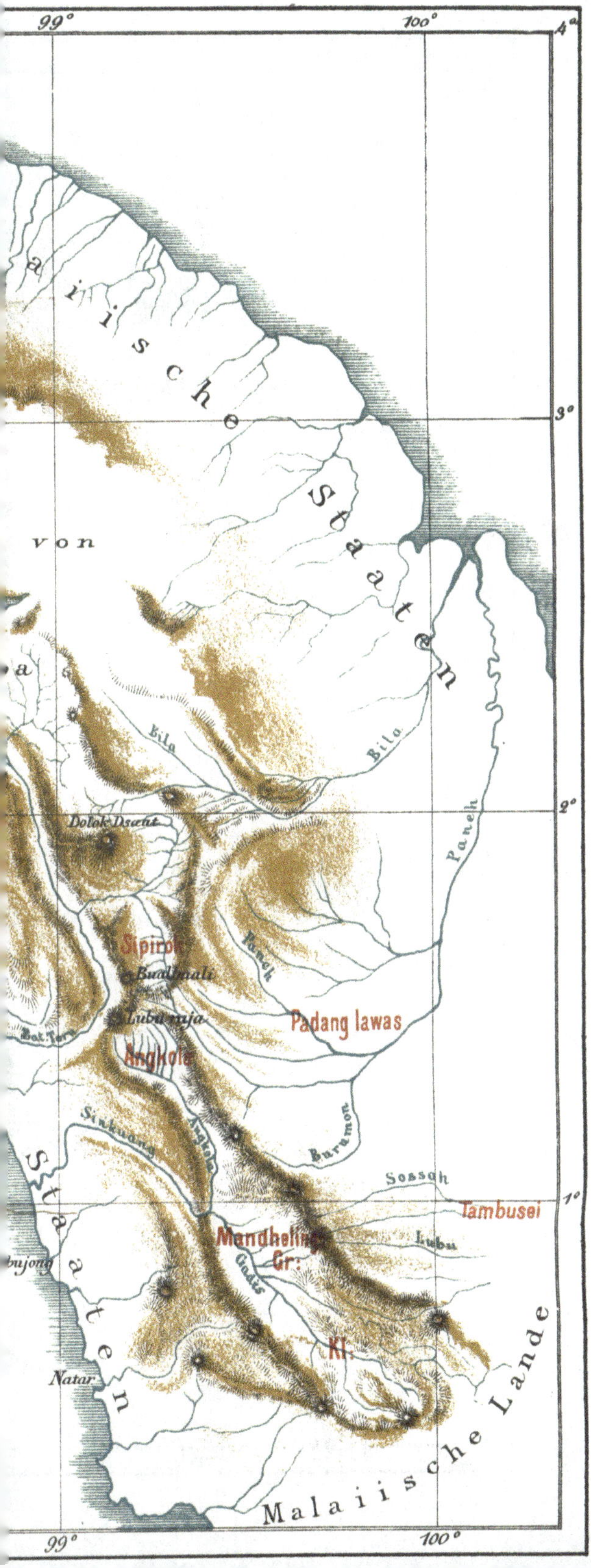

Taf: II.

Ö. L. von Greenwich.
99°
Pontjang
Siboga
Djaga djaga
Sipiro
Bualbuali
30'
Lumut
Lubu Raja
Batang Toru
Batang Tora
Sikunar
Eli
Sinkuang
1°
Tabujong
Natar
Natar
30'
99°

30'
100°
Die seit 1840
unter directer holländischer Verwaltung
stehenden BATTALÄNDER.
nach den Anordnungen
aus
1842, 1843, 1849, 1871 u. 1875.
Abtheilungsgrenzen.
Grenzen der Unterabth.
Fahrstrassen.
Reit- u. Karrenwege
gezeichnet nach der Karte bei
A. Petermann. 1876. Masst: 1:1.000 000.
Kilometer
Sumatra palen
Deutsche Meilen
30'
1°
Siabu
Gr: Mandheling
Penjabungan
Kotta Siantar
Baringin
Tanah batu
V. Merapi
Kotta Nopan
Ulu
Kl: Mandheling
Menambing
Tolang
Pakanten
Kalabu
Ajerbangis
30'
100°

FSC
www.fsc.org
MIX
Papier | Fördert gute Waldnutzung
FSC® C083411

Kolibri 360 GmbH
Ferdinand-Jühlke-Straße 7
99095 Erfurt, Deutschland
produktsicherheit@kolibri360.de